Ullstein Materialien

Ullstein Materialien
Ullstein Buch Nr. 35102
im Verlag Ullstein GmbH,
Frankfurt/M – Berlin – Wien

Originalausgabe

Umschlagentwurf:
Kurt Weidemann

Printed in Germany 1981
Gesamtherstellung:
Ebner Ulm
ISBN 3 548 35102 6

Juli 1981

CIP-Kurztitelaufnahme
der Deutschen Bibliothek

Zinser, Hartmut:
Der Mythos des Mutterrechts:
Verhandlung von 3 aktuellen Theorien
d. Geschlechterkampfes /
Hartmut Zinser. – Orig.-Ausg. –
Frankfurt/M; Berlin; Wien:
Ullstein, 1981.
(Ullstein-Buch; Nr. 35102: Ullstein-Materialien)
ISBN 3-548-35102-6
NE: GT

Hartmut
Zinser

Der Mythos des Mutterrechts

Verhandlung von drei aktuellen Theorien des Geschlechterkampfes

Mit drei Abbildungen

Ullstein Materialien

Inhalt

Einleitung 7

I. Der Geist ist männlich: Johann Jakob Bachofen und das Mutterrecht 10

Exkurs I: Joseph François Lafitau 32

II. Die Arbeit ist männlich: Das Mutterrecht in der politischen Ökonomie bei Friedrich Engels 40

Exkurs II: Die Nayar von Malabar in Südindien . . . 56

III. Der Trieb ist männlich: Mutterrecht und Geschlechterkampf in der Metapsychologie der Psychoanalyse bei Sigmund Freud und Sandor Ferenczi 63

Exkurs III: Die »Venus-Statuetten« des Jungpaläolithikums 80

Schluß 88

Abbildungen 91

Literatur 94

Einleitung

Was ist das Mutterrecht? In welchen Ländern und in welchen historischen Epochen hat es ein Mutterrecht oder eine Gynäkokratie gegeben, wie sahen oder sehen die gesellschaftlichen Verhältnisse und besonders die Geschlechterbeziehungen unter ihm aus?

Nach langen Versuchen, die als Beispiele und Belege eines Mutterrechts angeführten prähistorischen, historischen, mythologischen und völkerkundlichen Berichte über mutterrechtliche Zustände auf ihre gesellschaftliche und historische Realität hin zu überprüfen, machte ich die Erfahrung, daß sich alle diese von den verschiedensten Wissenschaften zusammengetragenen Mitteilungen entweder als Mißverständnisse der betroffenen gesellschaftlichen Verhältnisse oder als Übertreibungen meist der sekundären Berichterstatter erweisen, oder die Spuren im geschichtlichen Dunkel sich verlieren, so daß sie alle einer Nachprüfung nicht standhalten, jedenfalls nicht als Belege eines Mutterrechts anerkannt werden können. Das, was als Indizien eines Mutterrechts angeführt wird, wie Matrilinearität, Erbfolge in der Mutterlinie, Thronfolge nach der Frau bzw. Tochter des früheren Königs u. a. m., erweist sich – wie ich zur Orientierung des Lesers gleich mitteilen will – in jedem einzelnen Fall als Versuch der Regulierung gesellschaftlicher Konflikte, bei denen es zunächst darauf ankommt, *daß* sie wie etwa die Thronfolge von Königen und Häuptlingen geregelt sind, um der Gesellschaft zerstörerische Auseinandersetzungen, die ihren Bestand bei jedem Generationswechsel gefährden können, zu ersparen bzw. diese abzumildern. Über die gesellschaftliche Stellung der Frau ist z. B. bei der Erbfolgebestimmung über die Mutter und nicht den Vater ganz und gar nichts unmittelbar auszumachen, da die tatsächlich wesentliche Verfügung etwa über das Eigentum, die Produkte und die Entscheidungen des Lebens jeweils bei Männern liegen und die Frauen nur den Berechnungsgrund für die Nachfolge abgeben.

Es schien aufgrund dieser Erfahrung angebracht, das Mutterrecht einmal von einem anderen Gesichtspunkt her zu untersuchen und die Mutterrechtstheorien selber zum Gegenstand zu machen.

Wann und in welchen geschichtlichen Situationen entstanden diese

Theorien, und von wem wurden sie mit welchen Absichten aufgestellt, welche Funktion und Bedeutung haben sie bei ihren Autoren? An drei paradigmatischen und für die weiteren Diskussionen grundlegenden Theorien wollen wir diese Fragen untersuchen: erstens an der an der klassischen Bewußtseinsphilosophie orientierten, sie mit ihrem mythologischen Widerpart erfolglos zu vermitteln trachtenden Theorie von Johann Jakob Bachofen, zweitens an der materialistischen, auf eine Naturgeschichte der Gattung zielenden Theorie Friedrich Engels' und drittens an der psychoanalytischen Theorie Sigmund Freuds, jedenfalls in ihrer einen, von Sandor Ferenczi vorgenommenen biologischen Zuspitzung.

Diese drei Theorien sind nicht gleichartig: Nur die beiden ersten enthalten im einen Fall eine ausführliche, im anderen eine weniger ausgeführte mutterrechtliche Phase in der menschlichen Gattungsgeschichte, in der dritten taucht ein Mutterrecht nur beiläufig auf, für die Konstruktion eigentlich überflüssig, aber gerade deshalb symptomatisch. Alle drei Theorien kommen darin überein, Theorien des Geschlechterkampfes zu sein, und in diesem und für diesen wird das Mutterrecht zum Mythos, der hier einen unser Leben bestimmenden Konflikt zwar zur Sprache bringt, dies aber in einer ihn der Analyse zugleich wieder entziehenden Form. Die bestimmten Formen des Geschlechterverhältnisses in unserer Gesellschaft und rezenten Geschichte werden darin nicht als Resultat eines Prozesses begriffen, sondern als vorgegebene, unter Opferung insbesondere der Subjektivität zu wiederholende Muster ausgegeben. Diese setzen die Individuen nicht instand und erlauben ihnen nicht, dieses Verhältnis nach ihren Interessen, Bedürfnissen und Möglichkeiten als freie oder zumindest Freiheit antizipierende zu gestalten. Die Muster garantieren andererseits, was ein Stück ihrer Faszination und Annahme verständlich macht, ein großes Maß von Entlastung.

Die Mutterrechtstheorien werden dadurch selber zum Symptom dieses Konfliktes und deshalb von mir einer Symptomanalyse unterzogen, die mit psychoanalytischen Begriffen und Erfahrungen arbeitet, wenn auch bei strenger Beachtung der Differenz zwischen klinischer Psychoanalyse und ihrer Anwendung auf gesellschaftliche Probleme. Als Symptome stellen die Mutterrechtstheorien Kompromisse zwischen gegensätzlichen Strebungen dar, von denen die einen einer Verdrängung unterliegen; doch bringt jedes Symptom gerade auch das in ihm Verdrängte »zur Sprache«. Die Symptomanalyse erfordert, jede dieser Theorien in ihrem Zusammenhang und in ihren Teilen darzustellen, wobei ich mich bemühe, die Darstellung, und d. h. die Organisierung des Stoffes, selbst schon zur Analyse zu machen, um ihnen ihr Verdrängtes zu entlocken. Auch in dieser Hinsicht unterscheiden sich die drei hier verhandelten Theorien, indem nämlich die eine wesentlich die Methode der Analyse abgibt, wenn auch zugleich nicht auf die politisch-ökonomische Theorie und die Methode der Reflexionsphilosophie Verzicht geleistet werden kann. Wenn ich Freud und Ferenczi einer z. T. heftigen Kritik unterwerfe, so darf darüber nicht übersehen werden, daß das Interesse meiner Kritik kein antipsychoanalytisches ist, sondern sich gegen Aufstellungen richtet, die bei der Anwendung und Verallgemeinerung von psychoanalytischen Begriffen und Erfahrungen gegen – wie ich meine – deren eigene Methode entstehen.

Die vorliegende Arbeit bedient sich dennoch nicht der psychoanalytischen Methode in der Darstellung ihres Gegenstandes. Sie wählt die Form des Plädoyers, in dem die Argumente für und wider, auch solche, die sich der Symptomanalyse verdanken, dem Urteil des Lesers ausgesetzt und die Urteilsgründe zusammen mit den Interessen und Bedürfnissen, die in ihr wirksam sind, zur Diskussion gestellt werden.

I. Der Geist ist männlich:

Johann Jakob Bachofen und das Mutterrecht

Am Ende von Bachofens Werk »Das Mutterrecht« findet sich der wenig beachtete, da in die meist gelesenen Auswahlausgaben nicht aufgenommene, das Bachofensche Unternehmen aber in eine Formel zusammenfassende Satz: »Auf der Zertrümmerung, nicht auf der Entwicklung und stufenweisen Reinigung des Materialismus[1] ruht der Spiritualismus des einheitlich-väterlichen Gottes« (Werk III, S. 926). Das nach Bachofen durch das Vatertum gewährleistete geistige Prinzip und damit den Fortschritt und die Erhaltung der Kultur der Menschheit, sieht er, wie aus zahlreichen seiner Briefe und politischen Artikel deutlich wird, in seiner Zeit durch gesellschaftliche Prozesse gefährdet, die auch die Emanzipation der Frau fordern, namentlich – wie er im letzten Satz des »Mutterrechts« betont – durch zwei französische Schriftsteller, die »der heutigen Welt« »die Rückkehr zu dem Isisprinzip und zu der Naturwahrheit des Mutterrechts als alleiniges Heilmittel anempfehlen« (III, S. 927).

Während der eine dieser Autoren, J. Michelet, in seinem Buch »La Femme« (Paris 1860) aus der Distanz von über hundert Jahren gesehen – zu von Bachofen gar nicht so fernen Schlußfolgerungen kommt, indem er zur Änderung und, wie er meint, Besserung der von »sozialen, religiösen und ökonomischen Umständen« (S. 3) bedingten Entrechtung und Verelendung der Frau ihr gesellschaftlich die Stellung und den Wirkungsbereich als Ehefrau und Mutter zuweist, unterscheidet sich der andere, Emile de Girardin, in seinem Pamphlet oder seiner Streitschrift »La liberté dans le mariage par l'égalité des enfants devant la mère« (Paris 1854, 2. Aufl. 1855) von ihm deutlich. Girardin hatte zum Ausgangspunkt seiner Überlegungen nicht primär die mit der formalen Emanzipation des Mannes einhergehende gesellschaftliche Degradation der Frau, sondern die Tatsache genommen, daß in Frankreich auf ca. 13 legitime ein »illegitimes« Kind geboren wurde, daß vom Beginn bis zur Mitte des 19. Jh. nicht nur in

1 Zur Vorbereitung des Lesers verweise ich gleich darauf, daß Materialismus im Gegensatz zu Spiritualismus für Bachofen weiblich ist; er schreibt drei Seiten vor der zitierten Stelle vom »weiblichen Materialismus« (III, S. 924).

Frankreich, sondern in Belgien und den großen Städten Europas die Anzahl der illegitimen, d. h. »naturels, adulterins, incestueux« (S. 3) Kinder ständig gestiegen ist und zum Teil (z. B. in München, wie Girardin mitteilt) nahe an die der legitimen Kinder heranreiche, daß nach der damals letzten offiziellen Bevölkerungserhebung in Frankreich von 35401701 Franzosen 2800000 »bâtards« (S. 2) gewesen seien und nach französischem Recht – entgegen der Verfassungsabsicht und -bestimmung von 1789: »Les Français sont égaux devant la loi« – in bezug auf das Erbrecht und ihren sozialen Status tatsächlich *ungleich* seien und mithin zwei Nationen in einer Nation (deux nations dans une nation, S. 7) konstituierten, deren eine – die illegitimisierte Minderheit – minderen Rechts sei und die sozialen Folgen dieser nicht zu rechtfertigende Ungleichheit zu tragen hätte, ohne eigentlich für diese verantwortlich gemacht werden zu können.

Zur Aufhebung dieser sozial schädlichen und unerträglichen Ungleichheit und zugleich der Spaltung der Nation macht Girardin den – allem, was Bachofen heilig ist, widerstreitenden – nach Girardin selbst die Gesellschaft revolutionierenden Vorschlag mit dem Leitsatz: »Les Français sont égaux devant la mère« (S. 6). Wenn dieses Prinzip zum Gesetz erhoben werde, würden die Unterschiede zwischen ehelichen und illegitimen Kindern aufgehoben sein:

> Tous également portent le nom de leur mère.
> Tous également héritent de ses biens.
> Tous ont les mêmes droits aux mêmes soins, à la même sollicitude.
> Deux millions huit cent mille Français relégués hors du droit commun y rentrent, sinon dans le présent, du moins dans l'avenir.
> Le principe de légalité civile, vérité relative, fait un nouveau pas vers la vérité absolue.
> Il n'y a plus deux nations dans une nation ; une petite contenue dans une grande; celle-là mise par celle-ci hors le droit commun et le droit naturel. L'homogénité nationale, qui n'existait pas, est établie sur ce point. La femme, dont le rôle dans la société avait été dénaturé, recouvre celui qui lui appartient.
> L'ordre social, au lieu d'avoir la probabilité pour fondement, a pour fondement la certitude. (S. 7)

Als unmittelbare Folge dieser Änderung des patriarchalischen Familiensystems erwartet Girardin die tatsächliche – nur die spezifischen Eigenschaften noch berücksichtigende – Gleichheit von Mann und

Frau, die Umwandlung der Ehe aus einer zivilen in eine nur noch religiöse Angelegenheit. Die Mutter soll vom Vater eines Kindes durch ein »duaire« für seine Ernährung, Erziehung und Ausbildung ausgestattet werden (S. 21), die Kinder erben nur von der Mutter, und das Vermögen des Mannes fällt bei dessen Tode an seine mütterliche Verwandtschaft bis auf den Teil, den er vor seinem Tode der Mutter seines Kindes für diese gegeben hat (S. 51). Kurz: Girardin empfiehlt zur Lösung der aus dem gesellschaftlichen System der »Paternité« resultierenden Ungleichheit und der daraus folgenden sozialen Konflikte die Einführung gerade dessen, was Bachofen unter der Herrschaft des gebärenden Stoffes als Prinzip der Kultur und Gesellschaft entdeckt und mit Mutterrecht bezeichnet hatte, was das Christentum – wieder nach Bachofen – endlich in der Lehre der geistigen Paternität überwunden und der Menschheit dauernd gesichert hätte, was aber »mit dem demokratischen Verfall des Staates« (III, S. 926) eine Wiederkehr erlebt, dessen »Zertrümmerung«, nicht »Entwicklung oder stufenweisen Reinigung« Bachofens Interesse ist. Es ist eine »Ironie der Geschichte«, schreibt einer der Kommentatoren des »Mutterrechts«, daß »Bachofen gerade für die Strömungen unserer Zeit, die er als rückfällig und als zu bekämpfen zu erweisen sich bemüht hat, zum ersten und verehrtesten Zeugen genommen wird!« (Georg Schmidt, J. J. Bachofens Geschichtsphilosophie, S. 35.)

Über Bachofens Entdeckung des Mutterrechts ist vielfach seine von A. Bäumler in der Einleitung zur Schröterschen Bachofen-Auswahl[1] der Hegels an die Seite gestellte Geschichtsphilosophie und die Einordnung der nicht ohne Berechtigung isoliert betrachteten mutterrechtlichen Stufen in diese und zugleich damit Bachofens Urteil über Hetärismus, Amazonentum und eheliche Gynäkokratie aus dem Blickfeld geraten. Bachofen konstruiert auf der Basis eines unversöhnlichen Dualismus von Materie und Geist einen mit kosmischen Verhältnissen von Erde, Mond und Sonne parallelisierten[2] Gang der

1 J. J. Bachofen, Der Mythos von Orient und Occident, hrsg. von M. Schröter, München 1926, S. CCXI ff. Bachofen erwähnt im Mutterrecht Hegel nicht, doch wird er ihn gekannt haben, denn er polemisiert in einem Satz gegen ihn. Dort (II, 55) heißt es: »Es ist kein Kampf der Dialektik, sondern der Geschichte, den die Götter selbst entscheiden.«

2 Bachofen formuliert bisweilen die Parallele des Geschlechtskampfes mit den Gestirnen zum Vorbild jener um, dessen Ausdruck nur der reale Geschlechterkampf sei: (II, S. 131) »Der Kampf der Geschlechter ist ein Kampf von Sonne und Mond um den Vorrang im Verhältnis zur Erde. Alle großen Besieger der

Menschheit, die von dem durch die Frau repräsentierten Stoff zum vom Manne und Vater vertretenen Geist fortschreitet, aber so, daß Bachofen – und hierin sich von Hegel und anderen Geschichtsphilosophen unterscheidend – den Stoff weder als gleichgültig oder trieblos gewordenen auffaßt, noch als versöhnt in der höchsten Entwicklung des Geistes. Die Versöhnungsversuche gehören selber noch der stofflichen Phase der Geschichte (vgl. II, 337) an und haben für sich den Geist noch nicht errungen: Auf der Stufe des Geistes kann es keine Versöhnung, nur Unterwerfung oder, wie Bachofen schreibt, »Zertrümmerung«, aber keine »stufenweise Reinigung« des Materialismus geben. Der Stoff bleibt zumindest für die Menschheit – personifiziert in der Frau – auch in der Stufe des Geistes als diesen ständig bedrohend präsent.

Es ist nicht Bachofens Ziel, wohl aber das von zahlreichen, die sich gerade deswegen mit ihm beschäftigt haben, Mutterrecht und Materialismus wieder einzusetzen oder beiden auch nur ihr Recht zuzugestehen. Vielmehr erwartet Bachofen, daß sich die Frau »vor dem Übergewicht metaphysischer Männlichkeit« (III, S. 604) für immer beugt und in der »Unterordnung der Liebe« vor des »Mannes höherer Kraft« endlich »selbst ihre wahre Bestimmung erkennt« (II, S. 291). Nicht die historisch und gesellschaftlich notwendig gewordene Emanzipation der Frau ist Interesse Bachofens, sondern die Aufrechterhaltung ihrer Unterordnung unter den Mann.

Näher betrachtet besteht nach Bachofen die menschliche Geschichte in der Entwicklung vom körperlichen Stoff oder Trieb zum reinen Geist. Sie beginne mit dem hetärischen Mutterrecht, in dem nur das Bedürfnis des Stoffes nach stets erneuter Zeugung herrsche, die Erfüllung dieses Bedürfnisses sogar ein Religionsgebot sei. Dies von Bachofen durch die Naturbilder »der wilden Vegetation der Mutter Erde« oder des »Sumpflebens« beschriebene »ius naturale« gebiete »ganz ungeregelte Geschlechterverhältnisse« (II, S. 36) und

Gynäkokratie werden wir in entsprechender Stellung am Himmel als Sonnenmächte wieder finden. Die irdischen Ereignisse knüpfen sich an kosmische an. Sie sind ihr tellurischer Ausdruck. Es ist eine alles beherrschende Grundanschauung der alten Welt, daß Irdisches und Himmlisches den gleichen Gesetzen gehorchen und eine große Harmonie Vergängliches und Unvergängliches durchdringen muß. Die irdische Entwicklung ringt so lange, bis sie das kosmische Vorbild der Himmelskörper in voller Wahrheit verwirklicht. Dieses letzte Ziel ist erst mit der Herrschaft des Mannes über die Frau, der Sonne über den Mond erreicht.« (Vgl. auch S. 164, vgl. S. 130) kenne kein Eigentum[1], verwerfe »alle Beschränkung«, hasse »alle Fesseln und betrachte jede Ausschließlichkeit als Versündigung an ihrer Göttlichkeit« (II, S. 38). Gegen den Mißbrauch des Mannes in diesem Zustand sexueller Promiskuität wehre sich zuerst die Frau und richte »geregelte Zustände« mit »reiner Gesittung«, das eheliche Mutterrecht, auf: Die Gynäkokratie gebe dem gebärenden Muttertum den Primat, verlange aber zugleich die »Ausschließlichkeit der Ehe« (II, S. 36). Das Mutterrecht sei der »geordnete Naturalismus« (II, S. 35) und an dem vom Vaterrecht unterschiedenen Familienrecht kenntlich, und zwar indem der Name, der gesellschaftliche Stand, die Erbfolge, die Unterhaltspflicht u. a. sich durch die Mutter und nicht den Vater bestimme – ihm entspreche die demetrische Religion. Ihren Abschluß finde die menschliche Entwicklung in dem »milden, höheren Recht des geistigen Vatertums« (II, S. 393), in welchem die Ausschließlichkeit der Ehe mit dem Prinzipat des Geistes verbunden sei. Doch gebe es zahlreiche Zwischenstufen und die drei Grundanschauungen vermischende Mittelglieder, die einem je spezifischen Verhältnis des Geschlechterkampfes Ausdruck verschafften. Die Übergänge zwischen den Stufen seien durch Phasen unmittelbarer Gewalt – bezeichnenderweise der Frau –, die ihre Gestalt im Amazonentum fänden, gekennzeichnet, friedliche Übergänge in der Geschichte seien – hier spiegelt Bachofen Erfahrungen des 19. Jh. wider – überhaupt viel seltener. Jede höhere Stufe entwickle sich noch in der vorhergehenden, und der Kampf des neuen mit dem alten Zustand sei überliefert und sichtbar in der Mythologie.

Paradigmatisch sei Bachofens bislang nicht übertroffene Interpretation der Orestie angeführt. Orest hatte seine Mutter erschlagen, um seinen von der Mutter ermordeten Vater zu rächen. Von den Garanten des Mutterrechts, den Erinnyen, wird er wegen des Muttermordes verfolgt. Auf der ständigen Flucht vor ihnen erhält er schließlich vom Delphischen Orakel die Auskunft, sich an den Areopag, den Adelsgerichtshof in Athen, zu wenden. Dieser Gerichtshof spricht ihn nach dem neuen Recht des Vaters mit einer Stimme Mehrheit frei, nämlich der Stimme der von Zeus, also von einem Manne, geborenen Athene. Die Wächterinnen des alten Rechts stürzen, und sie, die Erinnyen,

1 vgl. S. 121 »Sind Weiber und Kinder gemeinsam, so sind es auch notwendig die Güter«, und S. 122 »auf der untersten Stufe eheloser Begattung, wo Gütergemeinschaft notwendig herrscht«, und S. 127 »Gemeinschaft von Gütern und Weibern, die notwendig immer verbunden sind«.

d. h. die Rächerinnen, verwandeln sich in die Eumeniden, d. h. die Wohlgesonnenen und die Gnädigen, doch verbleibt ihnen die Möglichkeit, zu ihrer alten Funktion zurückzukehren. Der Mythos kennzeichne den Übergang aus dem alten Familienrecht der Mütter, nach welchem nur der Verwandtenmord und vornehmlich der verruchteste, der Muttermord, verfolgt wird, der Vater aber mit den Kindern nicht als verwandt gilt, zu geordneten Rechtsverhältnissen, dem Patriarchat, dem der Vatermord mehr als alle anderen Verbrechen gilt und nach dem ein Orest freizusprechen sei. Bachofen vernachlässigt in seiner Deutung, daß bislang jede Rechtsordnung wie jede soziale Herrschaft ihr vorhergehende oder in ihr sich entwickelnde neue Ordnungen oder Regulierungen als Chaos, Recht- und Ordnungslosigkeit zu diffamieren sucht, um sich selber als Garant des Lebens, als Siegerin über Mord, Raub und Gewalt – oder wie sonst immer die Formulierungen sein mögen – darstellen und legitimieren zu können. In den Vordergrund rückt Bachofen den Übergang von dem von ihm mit Mutterrecht bezeichneten gesellschaftlichen Zustand zum Vaterrecht; nicht so sehr Gewicht legt er in der Interpretation der Orestie auf die Umwandlung gesellschaftlicher Verhältnisse, in denen das Recht als Rache den unmittelbar Betroffenen überlassen ist und damit weitgehend Privatsache verbleibt, zu solchen, in denen es von der Gesellschaft als ganzer garantiert wird und Unrecht durch gesellschaftliche Institutionen, Richter oder Gerichtshöfe verfolgt wird, Recht also eine öffentliche Angelegenheit wird.

Das Beispiel gilt uns zugleich als Hinweis und Beleg für Bachofens Quellen und Methode: Neben einigen historischen Berichten und ethnographischen Mitteilungen ist das Fundament seiner Arbeit die antike Mythologie und ihre Überlieferungen, seine Methode konsequenterweise eine Mytheninterpretation.

Das Neue nun in Bachofens Geschichtskonstruktion gegenüber anderen Auffassungen einer Entwicklung vom Stoff zum Geist, z. B. der Hegels, ist die Zuordnung dieser widerstreitenden Prinzipien zu den Geschlechtern, bzw. die Diagnose dieses Widerstreites als Geschlechterkampf. Diese Zuordnung, obgleich sie eine zumal einseitige Entmischung von Stoff und Trieb und Geist darstellt – denn wer wollte ernsthaft behaupten, daß nicht jeder Mensch, Mann wie Frau, diesem historisch entwickelten Konflikt unterliege? –, gab ihm zugleich den Blick frei für eine, wenn auch an mythologischen Gegenständen durchgeführte und, wie ich meine, remythologisierenden Analyse des Geschlechterkonfliktes, die aber nicht so sehr, jedenfalls nicht allein den Mythos, als vielmehr die gesellschaftlichen Verhältnisse meint, die den Geschlechterkonflikt zuspitzen, insoweit sie formal den Mann aus der persönlichen Abhängigkeit des Feudalsystems befreien, die Frau aber in der persönlichen Abhängigkeit vom Mann belassen, also Freiheit und Unfreiheit der Frau z. T. sogar erst durch die freie Verfügungsgewalt des Mannes über alles hervorbringen.[1]

Die schon während der Französischen Revolution von den Frauen in einigen Clubs und z. B. von Condorcet erhobene Forderung nach Gleichheit von Mann und Frau war von der konstituierenden Versammlung nicht in die Verfassung aufgenommen, ja von ihren Wortführern Robespierre und Mirabeau u. a. explizit abgelehnt worden, von Mirabeau war in seinem opus posthumum: Travail sur l'éducation Publique, der Frau die Häuslichkeit zugewiesen worden[2], aus dem politischen Leben sollte sie überhaupt ausgeschlossen werden. Jedoch trieben die revolutionären Prinzipien der Gleichheit, Freiheit und Brüderlichkeit über diese Beschränkung hinaus, denn jedes Recht, das noch nicht allgemein ist, hat noch etwas von einem Privileg und ist Schranke zugleich auch für den Mann, der im Verhältnis zur Frau sich selbst auch als beschränkt und unfrei findet. Deutlich wird dies z. B. im 18. Jh. aus Th. G. von Hippels Schrift »Über die bürgerliche Verbesserung der Weiber« und im 19. Jh. aus dem etwa gleichzeitig wie das Mutterrecht geschriebenen Buch »Über die Hörigkeit der Frau« von J. S. Mill. Auch machte die gesellschaftliche Entwicklung die Hörigkeit oder Sklaverei der Frau zunehmend obsolet, so daß erneut und immer wieder die Forderung nach ihrer Emanzipation aus der Hand des Mannes, z. B. auf der »Versammlung für die Rechte der Frauen« am 23. und 24. Oktober 1850 in Worcester in Massachusetts, aufgestellt wurde.

In dieser Situation und Diskussion erscheint Bachofens Mutterrecht, in dem unter dem Namen des Fortschritts der Menschheit vom Stoff zum Geist, der »Verwirklichung« eines »kosmischen Gesetzes unter den Menschen« (II, S. 291) Argumente gegen die Emanzipation der mit dem Stoff gleichgesetzten Frau beigebracht werden. Fort-

1 Materiell war Gleichheit auch unter den Männern noch nicht erreicht, da die materielle Ungleichheit in Form von Besitz und Eigentum fortexistiert. Die Ungleichheit wurde aus der persönlichen Form in eine sachliche verwandelt.
2 nach v. Hippel, Sämtl. Werke, Bd. 6, Berlin 1828, Über die bürgerliche Verbesserung der Weiber, S. 121.

schritt der Gleichheit, Freiheit, Brüderlichkeit ist umgebogen in einen transzendentalen Fortschritt des Geistes: Aus Gleichheit wird bei Bachofen »wahres Gleichgewicht« (II, S. 291), aus Freiheit »Ordnung«, aus Brüderlichkeit »Gliederung« – alles Decknamen für Herrschaft und Unterdrückung.

Aus dem gebärenden Muttertum stamme die »allgemeine Brüderlichkeit« der Menschen, »deren Bewußtsein und Anerkennung mit der Ausbildung der Paternität untergeht« (II, S. 21). Das Vatertum überwinde die »Einheitlichkeit der Masse« durch das »Prinzip der Gliederung«. Das »Prinzip allgemeiner Freiheit und Gleichheit« basiere in den »Grundzügen des Lebens gynäkokratischer Völker« (II, S. 21) und werde durch den Sieg des Vatertums aufgelöst, gehört also in die eigentlich kulturlosen, da geistlosen Anfänge menschlicher Geschichte, nicht jedenfalls ins 18. und 19. Jh. Allerdings könne »mit der Auflösung der politischen Organisation und dem Verfall des staatlichen Lebens« (II, S. 46) das stoffliche Prinzip wiederkehren. »An der Stelle reicher Gliederung« mache sich dann »das Gesetz der Demokratie, der ununterschiedenen Masse, und jene Freiheit und Gleichheit geltend, welche das natürliche Leben vor dem zivilgeordneten auszeichnet und das der leiblich-stofflichen Seite der menschlichen Natur angehört« (II, S. 46). Mit der »politischen Emanzipation« gehe, wie schon die alten Schriftsteller überliefern, die von Bachofen insbesondere gefürchtete »fleischliche« einher: »allgemeine Brüderlichkeit« sei den »dienenden Ständen« besonders lieb und von Tyrannen immer begünstigt worden (II, S. 47). Gleichheit, Freiheit, Brüderlichkeit sind für Bachofen Ursprungs- oder, wenn wiederkehrend, Verfallserscheinungen, die am Schluße der Entwicklung der Völker wieder an die Oberfläche drängen (II, S. 48). Bachofens Geschichtsauffassung, nach der die menschliche Geschichte eine Entwicklung vom Stoff zum Geist darstellt, verwandelt sich konsequenterweise aus einer Entwicklungstheorie in eine – genau besehen geschichtslose – Kreislauftheorie:

> »Die Geschichte bestätigt vielfach die Beobachtung, daß die frühesten Zustände der Völker am Schluße ihrer Entwicklung wiederum nach der Oberfläche drängen. Der Kreislauf des Lebens führt das Ende von neuem in den Anfang zurück. Die folgende Untersuchung hat die unerfreuliche Aufgabe, diese traurige Wahrheit durch eine neue Reihe von Beweisen über allen Zweifel zu erheben.« (II, S. 48)

Geschichtslosigkeit, Unveränderbarkeit und Wiederkehr des Immer-Gleichen ist aber ein Merkmal mythologischen Bewußtseins, welches die einmal, sicherlich auch nach langen Prozessen und katastrophalen Mißerfolgen, gefundenen Formen des Denkens und Handelns als Muster festhält, ohne neue Erfahrungen machen bzw. Veränderungen berücksichtigen, auch Irrtümer korrigieren zu können.

Ohne ein Ziel, welches die den Geschichtsprozeß in Gang haltenden und vorwärtstreibenden widerstreitenden Strebungen vermittelt – Hoffnung und Versöhnung antizipieren läßt –, ist die Konstruktion einer Entwicklung – und sei es die des Geistes wie bei Hegel – in der Geschichte nicht aufrechtzuerhalten; soviel hat alle Geschichtsphilosophie mit ihren religiösen und theologischen Vorgängern, der Heils- und Erlösungsgeschichte gemein. Unvermittelt stehen bei Bachofen die Auffassungen von Geschichte als Entwicklung und als Kreislauf, in dem das »Ende der menschlichen Entwicklung die frühesten tierischen Zustände« wieder zurückbringe, wie Bachofen ziemlich am Ende seines Werkes wiederholt (vgl. II, S. 373; III, S. 917), gegenüber. Es ist wenig überraschend, daß Bachofens Geschichtsauffassung über seinem »Gemälde« eines »später untergegangenen Glücks, dem der Herrschaft des Muttertums« (II, S. 11), meist übersehen ist. Überraschend ist zunächst aber – und dies hat in der Frauenemanzipationsdiskussion erhebliche Verwirrung gestiftet –, daß dieses Gemälde einer vergangenen Gleichberechtigung, ja untergegangenen Vorherrschaft der Frau von einem Manne – und erstaunlicherweise stammen die ersten Matriarchatstheorien alle von Männern – entworfen ist, *nicht* um Argumente für die Emanzipation der Frau in der z.T. heftig geführten Auseinandersetzung um sie beizubringen, sondern um mit einer geschichtlichen Kulturtheorie wissenschaftlich die Fortdauer der Hörigkeit der Frau und ihre Unterwerfung unter den Mann als für die Aufrechterhaltung des errungenen Kulturzustandes notwendig zu erweisen, indem die Frau zur Repräsentantin des letztlich nicht zivilisierbaren Stoffes erklärt wird. Wissenschaft – und erst einmal ist Bachofens eigener Anspruch ernst zu nehmen – ist umgebogen in Gegenaufklärung.

Bachofen verweist die Ansprüche der Frau auf Gleichheit, Freiheit und Selbstbestimmung in die Frühgeschichte der Menschheit; sie jetzt verwirklichen zu wollen, erscheint als Illusion und Träumerei und bietet doch zugleich eine romantische, weil in die Vergangenheit verlegte, Befriedigung in der Phantasie dessen, was in der Realität nicht zu haben sein soll. Insofern Bachofen den bestimmten

Geschlechterkonflikt seiner Zeit in untergegangene bzw. untergehende Epochen und nicht wiederzubringende gesellschaftliche Zustände verlegt, führt er darüber hinaus die Diskussion um die Befreiung der Frau in die mythologische Irre, indem er drei Formen, Frau zu sein, konstruiert und zu letztlich unveränderbaren, nur wiederholbaren, in der Mythologie bereits durchgeführten Mustern erklärt. Es sind dies die drei namengebenden Leitfiguren der mutterrechtlichen Stufen der Geschichte: die Hetäre, die Amazone und die Mutter.

Bachofen hat es vermieden, für die von ihm konstruierten Stufen der menschlichen Entwicklung durch Raum und Zeit bestimmte Völker als Paradigma anzugeben, vielmehr meinte er, diese als historisch aufeinanderfolgend gedachten, z. T. später in einzelnen Stücken wiederkehrenden Kulturstufen aus der gesamten Überlieferung der Antike von Homer bis zu den byzantinischen Schriftstellern, also aus den literarischen, mythologischen, ethnographischen, historischen etc. Produkten von mehr als einem Jahrtausend und von fast allen Völkern des Altertums, gleichsam herausdestillieren zu können. Ergänzend zu den schriftlichen Überlieferungen der Antike führt er neben einigen modernen ethnologischen Berichten auch Darstellungen aus der bildenden Kunst, vornehmlich der Vasenmalerei, der Grab- und Reliefkunst als Belege an. Die von der Geschichtswissenschaft vorgenommene kritische Unterscheidung zwischen mythischer und historischer Überlieferung weist er zurück, da »die mythische Überlieferung ... als der getreue Ausdruck des Lebensgesetzes jener Zeiten, in welchen die geschichtliche Entwicklung der alten Welt ihre Grundlagen hat, als Manifestation der ursprünglichen Denkweise, als unmittelbare historische Offenbarung, folglich als wahre, durch hohe Zuverlässigkeit ausgezeichnete Geschichtsquelle (erscheint)« (II, S. 13). Ein gewisser Zweifel an der Gleichbehandlung von mythischer und historischer Überlieferung als historischen Quellen und damit zugleich an der Geschichtlichkeit der von ihm aus den mythischen Überlieferungen konstruierten Kulturzustände findet sich aber auch bei ihm, wenn er die mythischen Berichte durch »völlig historische Zeugnisse« (II, S. 12) erhärten will. Die historische Überlieferung einzelner, der patriarchalischen Ordnung zunächst widersprechender gesellschaftlicher Verhältnisse, wie der Genealogie und Erbfolge nach der Mutterlinie bei den Lykiern, führt Bachofen als realgeschichtlichen Beleg für die sonst nur in mythischen Produkten näher ausgeführten Kulturzustände an, für die er den Ausdruck Mutterrecht einführt. Das Mißverständnis in Bachofens Überlegung liegt nun nicht darin, daß er die mythischen, literarischen und künstlerischen Überlieferungen anders als die Geschichtswissenschaft seiner Zeit zum Gegenstand macht und sie als kollektiv verbindliche – wir fügen hinzu: psychische – Bildungen ernst nimmt, sondern darin, daß er sie als etwas anderes, nämlich unmittelbar als Realgeschichte ausgibt.

Wenn für die mutterrechtlichen Kulturstufen gelten soll, daß, da sie die Unterscheidung zwischen geschichtlicher und mythischer Tradition noch nicht kennen, der Mythos der »getreue Ausdruck des Lebensgesetzes jener Zeit« sei, dann scheint es sinnlos, aus dem Mythos Realgeschichte konstruieren zu wollen; denn im Mythos hatte gerade auch das seinen Ausdruck gefunden, was wie z. B. bestimmte Wünsche oder Triebregungen in der Realität nicht zugelassen und verwirklicht worden war und folglich nicht in die historische Überlieferung eingegangen ist; wobei wir hinzufügen, daß uns die Stoffe der griechischen Mythologie in der für sie charakteristischen literarischen Verarbeitung aus den gleichen Zeiten, in zahlreichen Fällen sogar erst aus viel späteren Jahrhunderten, wie die ersten historischen Berichte, überliefert sind. Mythische und literarische Produkte beziehen sich nicht notwendigerweise auf eine vorhistorische Zeit, sondern machen z. T. Tendenzen sichtbar, die in der Realität sonst keinen Ausdruck gefunden haben. Bachofens Ablehnung der für jede Geschichtswissenschaft grundsätzlichen Frage, woher die jeweiligen Autoren ihr Wissen haben (VI, Tanaquil, S. 50), und damit seine unterschiedslose Anerkennung und Behandlung aller Berichte der Antike, einschließlich der Mythen, als authentische Urkunden, verweist ebenfalls auf das, worauf sich seine Untersuchungen beziehen: nicht unmittelbar auf Realgeschichte, sondern auf diese Texte als Zeugnisse einer psychischen Realität, die zumal im Mythos und der Kunst einen in der äußeren Realität nicht verwirklichten Ausdruck gefunden hat; dennoch dechiffriert Bachofen verdrängte Inhalte der geschichtlichen Entwicklung, insbesondere den Kampf der Geschlechter.

Insofern Bachofen die mythischen Überlieferungen aufgliedert und unter einem bis dahin unbeachteten Gesichtspunkt zu einem ganzen organisiert, bringt er – wie ich meine: stellvertretend für Strömungen seiner Zeit, durchgeführt am Beispiel der griechischen Mythologie – einen sich durch die menschliche Geschichte hindurchziehenden, aber selten offen verhandelten, in der Mitte des vorigen Jahrhunderts durch die historisch und gesellschaftlich notwendig gewordene Emanzipation der Frau aktualisierten Konflikt: den Kampf der Geschlechter, zur Darstellung; allerdings mystifiziert er diesen zugleich auch wieder, indem er ihn in die Vorgeschichte versetzt. Der Versuch, aus dem Mythos Geschichte zu machen, entpuppt sich als Mythologisierung der aktuellen Geschichte. Bachofen scheint das aus der Gleichsetzung von Mythos und Geschichte resultierende Mißverständnis, das verdrängte Wunsch- und Triebregungen zu tatsächlich ausgeführten Taten werden läßt, etwa zehn Jahre später in der Einleitung zur Tanaquil gesehen zu haben. Denn er schreibt: »Sie (die Geschichtswissenschaft) begnügt sich mit der Negation oder mit Stillschweigen. Aber durch die Verneinung der Geschichtlichkeit wird der Sage nicht jede Bedeutung entzogen. Was nicht *geschehen* sein kann, ist jedenfalls *gedacht* worden. An die Stelle der *äußeren* Wahrheit tritt also die *innere*. Statt der Tatsächlichkeit finden wir Taten des Geistes. Verdrängt aus dem Reiche der Geschichte wird die Überlieferung von Tanaquil ein *Denkmal der Gedankenwelt«* (VI, Tanaquil, S. 10). Jedoch hält er diese Überlegung nicht fest und leitet dazu über, aus der Sage der Tanaquil den orientalischen Ursprung der beiden wichtigsten Völker Italiens herzuleiten.

Die Leitfigur des durch Ehe- und Eigentumslosigkeit ausgezeichneten Urzustandes der menschlichen Gesellschaft, d.h. eine der drei Grundvorstellungen Bachofens, wie eine Frau leben soll, ist die Hetäre. Bachofen entwickelt diese Figur zurückschreitend – und zwar am Prozeß der Auflösung des angenommenen Urzustandes, sofern dieser sich in einzelnen Gebräuchen noch erhalten habe, in denen z. B. »die Strenge der Ehe mit dem Hetärismus der Jungfrau« verbunden sei (II, S. 108), der »Hetärismus des Weibes auf die Brautnacht« beschränkt bleibe (II, S. 107), die »jährlich wiederholte Darbringung... der einmaligen Leistung« gewichen sei (II, S. 38) oder der Hetärismus durch »die Weihe besonderer Hierodulen«, die die als Religionsgebot aufgefaßte »Schuld« auf sich nehmen, abgelöst sei (II, S. 38 f.). Ferner führt er in großem Ausmaß zur Charakterisierung der Hetärenfigur die, z. B. durch den Zerfall der staatlichen Ordnung evozierte, Wiederkehr hetärischer Elemente in späteren Jahrhunderten an. Deutlich wird seine Vorstellung der Hetäre aus folgenden, in gewisser Weise sein Unternehmen zusammenfassenden Stellen:

I. »Die Namen des Proteusweibes (Stheneboia-Anteia) deuten klar genug die der Befruchtung harrende und sie sehnlich wünschende Natur des mütterlichen Erdstoffes an. Wir erkennen in dem korinthischen Weibe die Platonische Penia wieder, die stets neuen Männern nachgeht, um von ihnen stets frische Befruchtung, stets neue Kinder zu erhalten. Unter Penia versteht Plato, wie Plutarch erklärend hinzufügt, ›die Materia, die an und für sich des Guten bedürftig ist, aber von demselben angefüllt wird, sich stets nach ihm sehnt und dessen teilhaftig wird‹, mithin die Erde in ihrem Hetärismus.« (II, S. 99 f.)

II. »Helena, die Mondfrau, folgt, indem sie die Ehe bricht, nicht sowohl ihrem eigenen Hange als dem Zuge Aphroditens, welche die Ehe haßt und das sterbliche Weib nicht darum mit allen Reizen ihrer eigenen Natur schmückt, damit es nur in eines Mannes Umarmung verwelke, sondern vielmehr, daß es, eine neue Pandora, in aphroditisch-regelloser Begattung des Stoffes Bestimmung erfülle« (II, S. 374 f.).

III. »Aber Aphrodite kümmert sich nicht um den Tod, der alles Leben beherrscht, nicht um das traurige Los, welchem alles Geborene verfällt. Für sie hat der Brautschmuck den höchsten Reiz. Sie verlangt immer von neuem nach ihm. Penia geht stets andern Männern nach. Hat ihn heute der Vater geboten, so erwartet sie ihn morgen von dem Sohne. Zeugung und immer neue Zeugung ist ihre einzige Lust, ihr einziges Ziel. Das gleiche Halsband, das Adrast der Eriphyle, das Kadmos der Harmonia-Pandora reichte, dasselbe erhält nun von Alkmaeon des Phegeus Tochter Alphesiboea; nach demselben verlangt sehnsüchtig Kallirhoe, jener Tarpeia vergleichbar, die wie Eriphyle den Mann, so um des bräutlichen Schmuckes willen den fremden Kriegern die Burg verrät. Alle diese Frauen sind der tellurischen Urmutter sterbliche Stellvertreterinnen. Sie teilen ihre Natur und übernehmen ihre Aufgabe. Sie sind mithin notwendig auch Herrscherinnen« (II, S. 225 f.).

IV. »Das ganze Streben des Weibes muß fortan darauf gerichtet sein, seinem Dasein den höchsten Liebreiz zu leihen und mit aller Erfindungsgabe des weiblichen Geistes die natürliche Schönheit durch die Mittel der Kunst zu erhöhen. Durch Helenas Reize selbst in den Greisen Sehnsucht zu erregen und sich zum Empfang des jugendlich schönen Gottes vorzubereiten, ist das Ziel alles Strebens, ...« (III, S. 589 f.).

V. »Nach dem *ius naturale* ist die Frau buhlerischer Natur, eine Acca

Larentia, die Τῷ Τμχόυτι sich hingibt, wie der Erdstoff, der als Penia nach immer erneuter Befruchtung sich sehnt. Das Weib soll, gleich der arabischen Königstochter, bis zur Ermüdung dem Manne sich hingeben, wie Hortas Tempel bei den Römern immer offen stand. Sünde ist es ihr, durch List und Verfertigung falscher Stäbe sich Ruhe zu verschaffen. Sie soll eine Obsequens, eine Lubentina, eine stets aufmunternde, nie zaudernde, sondern antreibende wahre Horta sein.« (II, S. 111)

Die zweite Vorstellung der Frau, die Bachofen in seiner Geschichtskonstruktion des Geschlechterkampfes zur Leitfigur der Übergangsepochen stilisiert, ist die »nächtlich-einsame Erscheinung« der Amazone. Von ihr, der »strengen Jungfrau« (II, S. 50), heißt es, daß sie »kriegerische, männerfeindliche Heldengröße« (II, S. 185) mit »Ehefeindlichkeit« und – nicht ohne inneren Widerspruch – »Hetärismus« (II, S. 524) verbindet. Die Amazonen sind aus den Kämpfen einiger griechischer Helden: Bellerophontes, Herakles, Perseus, Theseus, Achilles bekannt; die Kämpfe waren beliebtes Subjekt von Vasenbildern, Tempelfriesen und anderen Darstellungen, deren Gegenstand der Kampf der Helden mit den Amazonen und seine Verwandlung in ein Liebesverhältnis ist. Paradigmatisch schreibt Bachofen über diese Kämpfe am Beispiel von Achilles und Penthesilea:

I. »Dieser Übergang aus feindlichem zu freundlichem Verhältnis, wie er hier erscheint, wiederholt sich in den Mythen der großen Amazonenbekämpfer, namentlich in denen des Dionysos und Achill. Bei den Schriftstellern sowohl als auf Kunstdenkmälern erscheinen sie gar oft im Gefolge der Helden, denen sie erst kämpfend gegenüber standen. Ja auf sehr bekannten Darstellungen geht der Krieg in ein Liebesverhältnis über. Der Kampf endet mit Einigung. Achill wird durch den Anblick der in seinen Armen sterbenden Penthesilea, deren vollendete Schönheit er jetzt erst erkennt, zur Leidenschaft für seine besiegte Gegnerin hingerissen. Der Gedanke ist in allen diesen, auf die verschiedenste Weise modifizierten Darstellungen derselbe. In dem siegreichen Helden erkennt das Weib die höhere Kraft und Schönheit des Mannes. Gerne beugt es sich dieser. Müde seiner amazonischen Heldengröße, auf der es sich nur kurze Zeit zu halten vermag, huldigt es willig dem Manne, der ihm seine natürliche Bestimmung wiedergibt. Es erkennt, daß nicht männerfeindlicher Kriegsmut, daß vielmehr Liebe und Befruchtung seine Bestimmung ist. In diesem Gefühl folgt es nun willig demjenigen, der durch seinen Sieg ihm die Erlösung brachte. Es schützt den gefallenen Gegner gegen der wütenden Schwestern erneuten Anlauf, wie wir dies auf einem Relief des Apollontempels von Bassae in ergreifendem Kontraste dargestellt sehen. Gleich der Danaide, die allein von allen Schwestern des Bräutigams schont, will das Mädchen jetzt lieber weich als grausam und tapfer erscheinen. Die Jungfrau fühlt, daß der Sieg des Feindes sie ihrer wahren Natur zurückgibt, und entsagt darum dem Gefühl der Feindschaft, das sie früher zu dessen Bekämpfung anfeuerte. Jetzt in die Schranken der Weiblichkeit zurückgekehrt, erregt sie des Mannes Liebe, der nun erst ihre volle Schönheit erkennt und ob der tödlichen Wunde, die er selbst gezwungen beibrachte, von wehmütiger Trauer ergriffen wird. Nicht Kampf und Mord, nein Liebe und Ehe sollte zwischen ihnen herrschen. So verlangt es des Weibes natürliche Bestimmung.« (II, S. 98 f.)

Einen ähnlichen Vorgang stellt Bachofen in der Verwandlung der »kriegstüchtigen Jungfrau« Kyrene, Hypseustochter und von Apollon aus dem Peneustal entführt, dar:

II. »Durch Apoll wird Kyrene von rein amazonischem zu aphroditischem Leben hinübergeführt. Die Nymphe, die der Weiber Beschäftigung verachtet, nur an männlicher Übung ihre Freude findet, den Löwen zu besiegen vermag, sie erliegt Apoll und vertauscht männerfeindliches Amazonentum mit der Mutterbestimmung des Weibes. Aber nicht Gewalt ist es, welche diesen Sieg herbeiführt, ihre Anwendung wird von dem weisen Chiron dem liebeentflammten Gott verwiesen. Aphrodites Vermittlung ist es, die dem Wunsche Erfüllung bringt.« (II, S. 417)

III. Auch in der vielfach dargestellten Amazonenschlacht zu Athen kämpfte die von Theseus vorher geraubte Amazonenkönigin Atiope, die nach anderer Überlieferung aber ihre Stadt Themiskya an ihn und die Griechen verraten haben und ihm gefolgt sein soll, an seiner Seite gegen ihre Schwestern. Über die Gründe der Amazonenschlacht gehen die Überlieferungen auseinander: Einerseits heißt es, sie hätten ihre Königin befreien wollen, andererseits, sie hätten die Schande rächen wollen, die Theseus Antiope antat, als er seine zweite Frau Phaedra nahm – dies zeigt, daß Theseus nicht als der Vertreter der reinen und keuschen Ehe anzusehen ist, als welchen Bachofen ihn gerne ausgibt. Antiope jedenfalls fiel, an Theseus Seite in der Schlacht getroffen, von einem Pfeil der Amazone Molpadia; ihr Tod wird von Theseus sogleich gerächt (vgl. K. Kerenyi, Mythologie der Griechen, Bd. II, S. 193 f.). An die Amazonenschlacht zu Athen knüpft Bachofen eine Mitteilung von Pausanias über das Ende des Kriegszuges der Amazonen in Pyrrhichos; im dortigen Heiligtum der Artemis Astrateia (d. h. der vom Kriegsdienst entbundenen) hätte auch ein von den Frauen der Stadt, die bei Bachofen unversehens zu Amazonen werden, geweihtes hölzernes Standbild des Apollo Amazonius gestanden. Für Bachofen gewinnt diese Nachricht dadurch besondere Bedeutung, »daß sie uns den Übergang der Amazonen zu einem neuen, der Bestimmung des Weibes allein entsprechenden Leben darstellt. Der kriegerischen, männerfeindlichen Heldengröße müde, weihen sie der schlachtentsagenden Artemis ein Heiligtum und verbinden mit ihr Apollo Amazonius, unter dessen Anrufung Theseus die Vernichtungsschlacht geschlagen, den Sieg errungen hatte. Die Feindschaft löst sich auf zu freundlichem Vereine. Die Amazone legt ihre Waffe nieder und folgt nun gerne ihrem Überwinder. Astrateia soll das Weib sein, nicht dem Kriege, sondern der Liebe ergeben. Der friedlichen Artemis huldigt auch gerne der Mann, wie denn vorzugsweise Männer der ephesinischen Göttin dienen. Auch in dem athenischen Mythos wird die Auflösung des Kampfes zu freundlicher Vereinigung angedeutet. Von Natur sind die Amazonen den Männern geneigt. Ihr männermordender Sinn ist Ausartung, Unterdrückung des weiblichen Wesens. Gerne kehren sie nunmehr zu ihrer Naturbestimmung zurück.« (II, S. 185 f.)

Beide bisher dargelegte Formen weiblichen Daseins bezeichnet Bachofen immer wieder als »Ausartungen des weiblichen Geschlechts«, das Amazonentum als »Entfremdung von seiner natürlichen Bestimmung« und den Hetärismus als »regellose Überlassung an dieselbe« (II, S. 100). »Ausartung« und »Mißbrauch« führen zur dritten Figur: der Mutter. Von dieser weiß Bachofen aus der Zeit des Mutterrechts ohne Unterlaß ihre »strengste eheliche Keuschheit« (II, S. 102), ihre »Frömmigkeit« (II, S. 27), ihre »untadelige Schönheit« und »hohe Gesinnung« (II, S. 25) zu loben; »Würde und Reinheit des Weibes« herrsche in der ehelichen Gynäkokratie (II, S. 40) und sei mit dem »gebietenden, ernst waltenden Matronentum der Frau« (II, S. 136) verbunden. Versöhnung sei an die »Erfüllung des Ehegesetzes, an die Rückkehr zur Mutterbestimmung der Frau« (II,

S. 44) geknüpft. »Ehe und die keusche Bewahrung ihres strengen Gesetzes« garantierten das »einzige Heil des weiblichen Daseins im Gegensatz zu den beiden Ausartungen desselben, zu amazonischer Männerfeindlichkeit und regelloser Hingabe an die Naturzeugung« (III, S. 566). Dem Recht des Weibes in gynäkokratischen Verhältnissen, »ihren Mann selbst zu wählen« (II, S. 280), tritt ihre Mutterbestimmung an die Seite. Für Bachofen stellt sich »das Muttertum als der Inhalt und die Quelle aller weiblichen Vollendung, als das letzte Ziel alles weiblichen Strebens« dar (III, S. 587), denn »das Reich der Idee gehört dem Manne, wie das des stofflichen Lebens der Frau« (II, S. 134) – was aber erst in patriarchalischen Verhältnissen tatsächlich durchgeführt ist. Im gynäkokratischen Mutterrecht sieht er mit der Keuschheit der Ehe die Herrschaft der Frau in der Familie und eine bestimmte geschlechtliche Arbeitseinteilung einhergehen. Die Männer ziehen aus, um Beute zu machen, wie es z. B. von den skythischen Nomadenvölkern berichtet wird (II, S. 136 f.)[1]. »Die Weiber aber bleiben zu Hause, hüten die Kinder, warten des Viehs. Der Glaube an ihre Unverletzlichkeit hält die Feinde fern. Die Sklaven werden des Augenlichts beraubt. Solchen Zuständen entspricht Gynäkokratie vollkommen. Jagd, Streifzüge und Krieg erfüllen des Mannes Leben, halten ihn von Weib und Kind fern. Der Frau bleibt die Familie, der Wagen, der Herden, der Sklaven Menge anvertraut. In dieser Aufgabe des Weibes liegt die Notwendigkeit seiner Herrschaft. Aus derselben folgt sein ausschließlicher Anspruch auf das Erbrecht. Durch Jagd und Krieg soll der Sohn sein Dasein fristen. Die Tochter, von diesem Selbsterwerb ausgeschlossen, wird auf der Familie Reichtum angewiesen. Sie allein erbt, der Mann hat seine Waffen, trägt sein Leben in seinem Bogen und Speer. Für Weib und Tochter erwirbt er, nicht für sich, nicht für seine männlichen Nachkommen. So unterstützen sich Gynäkokratie und kriegerisches Leben. Die Wirkung wird Ursache, die Ursache Wirkung.« (II, S. 137)

Aus der gebietenden Stellung der Frau in der Familie leitet Bachofen auch ihre politische Herrschaft in der Gynäkokratie her: »Die Mutter herrscht (in der Familie, H. Z.), nicht der Vater, und dies Recht gilt in folgerichtiger Erweiterung auch in dem Staate« (II,

1 Vgl. auch neben zahlreichen anderen Stellen II, S. 262: »Dem Mann ist Krieg zugewiesen. Zeus Stratios erscheint als Vorbild des Mannes. Gemeinsame Male vereinigen die Krieger, während das Weib des Hauses, der Habe, der Kinder pflegt«! (Auch II, S. 266)

S. 142), schreibt er in seiner Zusammenfassung der Angaben über das lykische Mutterrecht. Aber er weiß kein einziges Beispiel einer mutterrechtlichen Gesellschaft mit politischer Herrschaft der Frau, auch nur mit einer dominanten politischen Stellung der Frau anzugeben. Seine Beispiele politisch herrschender Frauen stammen, wie z. B. Kleopatra, aus patriarchalischen Verhältnissen und zeigen einzelne Frauen als Herrscherinnen, nicht gynäkokratische Gesellschaftsverhältnisse. Selbst die Lykier kennen kein politisch herrschendes Mutterrecht. Im Gegensatz zur oben mitgeteilten Behauptung in der Zusammenfassung über die Lykier teilt Bachofen schon vorher mit: »Während das Mutterrecht bei anderen Volksstämmen so frühe dem Vaterrecht weichen mußte, war Herodot nicht wenig erstaunt, es in Lykien erhalten zu sehen. Seine politische Bedeutung hatte es freilich verloren. Bei Strabo (XIV, S. 665) wenigstens steht der lykische Städtebund unter einem Λμκιαϱχγς« (II, S. 136). Auch an anderer Stelle macht er darauf aufmerksam, »daß die Familiengynäkokratie einen Rückschluß auf die staatliche erlaubt, daß aber diese letztere in der Regel viel früher verschwand als die erstere« (III, S. 664). Die politische Gynäkokratie bleibt trotz des Hinweises auf einzelne »Matronencollegien« als Schiedsrichterinnen in patriarchalischen Zeiten ein Rückschluß und eine durch keinen einzigen Fall politisch herrschender Frauen unter matriarchalischen Verhältnissen belegte Behauptung.

Bachofens Leitfiguren der drei mutterrechtlichen Kulturstufen lassen sich leicht als drei exquisit *männliche* Vorstellungen der Frau erkennen: Die Hetäre, die stets auffordern, nie zaudern, sondern zum Geschlechtsakt antreiben soll, ist das *sexuelle Wunschbild* zumal von Männern, die – im psychoanalytischen Sinne – keine Objektbeziehung zustande bringen. Die abweisende und männerfeindliche Amazone ist das *sexuelle Angstbild* der Frau, die begehrt wird, aber aus gesellschaftlichen oder individuellen Gründen nicht zu haben ist, Feindschaft und kriegerisches Wesen der Amazone gehen auf die aus der Frustration herrührenden Aggressionen zurück, die auf die Frau projiziert sind. Die hehre und keusche Mutter ist die *sexuell neutralisierte Frau,* die den sexuellen Wünschen des Sohnes nicht zugänglich ist und deshalb auch keinen Geschlechtsverkehr mit dem Vater bzw. anderen Männern haben soll. Alle drei Vorstellungen zeigen die Frau nicht als Subjekt ihres Handelns: Weder geht die Hetäre ihren eigenen sexuellen Interessen nach; sie soll sich »bis zur Ermüdung dem Manne hingeben« (also nicht einmal von Befriedigung, nur von Ermüdung ist die Rede); insofern sie bei Bachofen als Subjekt erscheint, wird diese ihre vom Mann unabhängige Seite der stofflichen Natur zugeschlagen: Auch in diesem Falle verfolgt sie nicht eigene Interessen, sondern ist Stellvertreterin der tellurischen Urmutter. Auch ist die Amazone nicht Subjekt, sie ist die »strenge Jungfrau«, die, bis sie nach verlorenem Kampfe verwundet in den Armen des einen sich findet, keine sexuellen Interessen haben darf; noch die Mutter, deren Leben auf Mutterschaft und »Wartung der Kinder« reduziert ist. Selbst die »Erlösung« von beiden »Ausartungen« der Frau: dem Hetärismus und dem Amazonentum, ist nicht ihre Tat, sondern die eines Mannes, von dem allein die Frau Heil und Hoffnung schließlich erst in vaterrechtlichen Verhältnissen zu erwarten hat. Es ist bezeichnend, daß bei Bachofen die Frau hauptsächlich in ihrer biologischen Funktion und in der für das Bürgertum spezifischen Beschränkung ihrer Arbeit auf die Familie vorgestellt ist, ihre Tätigkeit und Arbeit außerhalb der Familie in der Gesellschaft, z. B. als Arbeiterin, aber nicht gesehen ist.

Allen drei Vorstellungen der Frau entspricht darüber hinaus eine gewisse, durch patriarchale Verhältnisse bestimmte soziale Erfahrung von Männern mit Frauen. Mutterschaft und Haushüten war lange und ist z. T. noch immer fast der einzige sozial und ideologisch respektierte und wahrgenommene Lebensweg und -inhalt für eine Frau in der bürgerlichen Gesellschaft, von der durch Tausch vermittelten Produktion und der Tätigkeit außerhalb des Hauses und der Familie – bei Bachofen wird daraus gleich der den Kampf ums ökonomische Überleben signalisierende Krieg – ist sie ausgeschlossen (denn sonst müßte sie als »Amazone« den Kampf mit den Männern aufnehmen und auf die Erfüllung ihrer Naturbestimmung verzichten), der Frau als Mutter ist der Haushalt, die Frömmigkeit und die Aufzucht der Kinder übertragen. Aufzucht der Kinder und Sorge für den Haushalt implizieren ein gewisses Maß an Verfügungsgewalt über Sachen, Vorräte und Herrschaft über Dienstboten und Kinder, zumal über die kleinen, noch nicht schulpflichtigen, die kaum aus dem Haus und der Familie und damit über den Herrschaftsbezirk der Mutter herauskommen. In dieser Herrschaft über Kinder und Haushalt mag das »Gemälde« gynäkokratischer Verhältnisse Anhaltspunkte und ein Stück Realbasis haben: Nicht in der gattungsgeschichtlichen, sondern in der individuellen Vorvergangenheit hat jeder Mensch einmal Gynäkokratie und Mutterrecht erfahren.

Ein Mädchen – und ich habe in der Literatur kein Beispiel einer alten Amazone gefunden, Amazonen sind immer jung, hübsch, begehrenswert, bisweilen der Kampfpreis[1] (II, S. 276) für um sie ringende Männer, ein wohlbekannter Topos – hatte bis zur Ehe sich männerabweisend zu verhalten, um ihren bürgerlichen Heiratswert nicht zu gefährden. Als Amazone und strenge Jungfrau muß sie verwundet von der Liebe sterben, um Mutter und Ehefrau werden zu können.

Dann aber haben sich die Männer durch Geld – und auch bei Bachofen ist der Hetärismus mit dem »Gelderwerb« (II, S. 39) verbunden – und andere gesellschaftliche Machtmittel, noch die Frau geschaffen, die ihre sexuellen Bedürfnisse befriedigen soll.

1 Bachofen führt als ein Beispiel einer im Wettkampf gewonnenen Amazone Hippodamia, d. h. die »Roßbezwingerin«, Tochter des Oinomaos, an. In Bachofens Darstellung gewinnt Pelops durch die mit dem Sonnenprinzip in Zusammenhang gebrachte Schnelligkeit seines Wagens die »früher amazonischem Leben ergebene Jungfrau. So ist Hippodamia der Preis, den sich Pelops erringt. Besiegt ist die amazonische Jungfrau, gerne folgt sie dem männlichen Helden, dessen höhere Natur sie erkennt. Ehe tritt an die Stelle der Feindschaft, und in dem neu begründeten Geschlecht herrscht der Vater« (II, S. 276). Und an anderer Stelle schreibt er: »Denn auch in Hippodamias Verbindung mit Pelops erliegt das Mutterrecht« (II, S. 276). Der Mythos aber lautet anders; ich gebe eine von mir gekürzte Nacherzählung von K. Kerényi wieder (Die Mythologie der Griechen, Bd. II, S. 57 ff.). »Es wurde erzählt, daß König Oinomaos, der Sohn des Ares, eine Tochter besaß mit Namen Hippodamia, die Roßbezwingerin, die niemand zur Gattin bekommen konnte. Für die unter menschlichen Verhältnissen unnatürliche Verbindung von Vater und Tochter gab es zwei Begründungen. Nach der einen liebte Oinomaos die Hippodamia. Nach der andern sagte ein Orakel voraus, er werde durch seinen Eidam sterben. Ob nun Oinomaos keinen Erfolg seiner Sehnsüchte hatte oder, wie andere wollten, er mit der Tochter schon als Gatte vereint war, die Freier tötete er. Die Waffen und Pferde hatte er von Ares bekommen. ... Oinomaos schloß einen Vertrag mit dem neuen Anwärter, wie er es immer tat: durch eine Spende am Altar das Zeus Herkeios im Palasthof. Die Köpfe der ermordeten Freier, des Pelargos und des Periphas, sehen auf den feierlichen Akt hinunter. Der Vertrag wurde auch mit Hippodamia geschlossen, die dem Bräutigam nur dann angehören sollte, wenn sie nicht eingeholt wurde. Darauf bestiegen die beiden den Wagen. Oinomaos blieb noch zurück, um ein Widderopfer darzubringen. Die Zeit des Opfers pflegte er dem Freier als Vorsprung zu gewähren. ... Die Rosse des Ares hätten vielleicht auch jene einholen können, die Pelops von Poseidon hatte. Die Verfolgung ging quer über das ganze Land, doch die List des Myrtilos hatte den Sieg im voraus entschieden. In die Räder des Wagens hatte er die Pflöcke nicht eingesetzt oder nur Pflöcke aus Wachs. Als sich dann die Räder vom Wagen zu lösen begannen, sprang Myrtilos aus. Oinomaos

Alle drei Frauenfiguren haben in den patriarchalischen Verhältnissen der bürgerlichen Gesellschaft zusätzlich zu ihrer psychologischen Grundlage als Wunsch- und Angstbild und Neutralisierung eine Basis in der Erfahrung von Männern. Sie zu Leitfiguren zumal mutterrechtlicher Kulturstufen zu stilisieren, stellt eine Projektion von Erfahrungen, Wünschen und Ängsten aus den gesellschaftlichen Verhältnissen zumal des vorigen Jahrhunderts dar – Rückprojektionen dieser Art sind in den ethnologischen Theoriebildungen besonders des vorigen Jahrhunderts nicht selten anzutreffen.

Der sofort auftauchende Einwand, daß das von Bachofen beigebrachte mythologische Material nicht in den Rückprojektionen der Wünsche, Ängste und Erfahrungen aufgeht, macht darüber hinaus darauf aufmerksam, daß die von Bachofen im Mutterrecht verhandelten Konflikte zumindest so alt wie die Mythologie, in der sie eine erste

wurde, verwickelt in die Zügel, zu Tode geschleift. Es heißt aber auch, daß er von Pelops den Gnadenstoß bekam: eine überflüssige blutige Tat, zu der noch Schlimmeres kam, die Ermordung des Myrtilos, eine Sünde gegen Hermes, ein Verhängnis für das Haus des Pelops.« Auch bei Ranke-Graves (Griechische Mythologie, § 109), der mutterrechtlichen Deutungen aufgeschlossener gegenübertrat, weicht die Darstellung des Mythos kaum von der Kerényis ab. Zunächst ist festzustellen, daß es sich nicht um einen Kampf der »Amazone« mit ihrem zukünftigen Ehegatten, sondern des Vaters mit diesem handelt. Soweit ich die antike Überlieferung nachgeprüft habe, ist kein Beleg dafür zu finden, der Hippodamia als Amazone bezeichnet; daran ändern auch Bachofens an anderen Stellen mitgeteilte Versuche, Hippodamia mit Amazonentum und Mutterrecht in Verbindung zu bringen, nichts. Diese sind wenig überzeugend. Nur der Name Roßbezwingerin könnte angeführt werden, da Amazonen mit Pferd und Wagen in Zusammenhang stehen. Sodann gibt es in diesem Mythos keinen Anhaltspunkt dafür, daß vor Pelops das Mutterrecht geherrscht habe. Tatsächlich herrscht ein Mann, Vater der Braut, grausam und blutig. Dieser wird im Kampf um die Tochter vom Freier überwunden – dies deutet auf einen anderen Konflikt als den zwischen Amazonentum und Vaterrecht hin –, auch nicht durch Schnelligkeit, die Bachofen als Symbol des nach seiner Ansicht höheren solarischen Prinzips darstellt, sondern durch List und Betrug. Der Helfer Myrtilos, dem von Pelops oder Hippodamia als Dank die erste Brautnacht versprochen war, wird getötet. Dies indiziert nun auch nicht gerade, daß Pelops als reiner Vertreter der keuschen Ehe und höheren Rechts anzusehen ist. Der Einsetzungsmythos der Olympischen Spiele läßt sich kaum als Beleg für Amazonentum und Mutterrecht, bzw. den Kampf gegen beide anführen. Bachofen muß dies erst hineintragen. Doch macht Bachofens Interpretation dieses Mythos', beispielhaft für viele andere, sein fragwürdiges, bisweilen willkürliches Verfahren sichtbar.

kollektiv verbindliche Verarbeitung gefunden haben, und mithin kein Produkt nur der bürgerlichen Gesellschaft sind. Das vorige Jahrhundert unterscheidet sich aber insofern von früheren, als der Konflikt der Geschlechter durch die gesellschaftlich und historisch virulent gewordene Emanzipation der Frau aktualisiert wurde und, da die tradierten Verhaltensmuster von Mann und Frau durch die Endgültigkeit der Ablösung der feudalen durch die bürgerliche Gesellschaftsordnung unsicher, ja obsolet geworden waren, zu einer Neubestimmung des Verhältnisses der Geschlechter drängte. Bachofen versucht nun durch seine Theorie als einer geschichtlichen Theorie der Entwicklung des menschlichen Geschlechts vom durch die Frau repräsentierten Stoff zum vom Manne vertretenen Geist zu erweisen, daß jede Neubestimmung des Geschlechterverhältnisses eine Rückkehr zum weiblichen Materialismus, zum Prinzip des Stoffes, zu den Isisprinzipien der alten Welt impliziere und damit einen Rückfall hinter die erreichte Stufe des Geistes darstelle, wie er in der christlich-abendländischen Kultur seinen für ihn höchsten Stand errungen habe.

Exkurs I: Joseph François Lafitau

Wenn ich die These vertrete, daß Matriarchatstheorien unter ganz bestimmten gesellschaftlichen und historischen Verhältnissen aufgestellt wurden und Ausdruck und Verarbeitung eines zwar immer schon vorhandenen, durch die Änderung der gesellschaftlichen Verhältnisse virulent gewordenenen Konflikts darstellen, so stellt sich die Frage, ob nicht schon vor Bachofen und seiner Zeit Matriarchatstheorien in die Diskussion gebracht wurden. Tatsächlich spricht z. B. Hegel (Die Vernunft in der Geschichte, S. 233) von einem »Weiberstaat« in Afrika, Kant (Physische Geographie, S. 432) von dem Einfluß der Weiber auf die »Staatsgeschäfte« und einem »Schatten der Oberherrschaft« bei nordamerikanischen Indianern und der Vielschreiber und unkritische Christoph Meiners (Geschichte des weiblichen Geschlechts, 1788, Bd. 1, S. 19 und an anderen Stellen) z. B. von einem »uneingeschränkten Weiberregiment, welches sie (die Kamtschadalen, H. Z.) über sich ausüben lassen«. Jedoch erscheint in allen solchen Mitteilungen Frauenherrschaft als zufällige, zusammenhanglose, auch zwecklose Erscheinung: als Kuriosum.

Nun haben aber zuerst W. Mühlmann (1938) und K. Kälin (1943) Bachofen den Primat an der Entdeckung des Mutterrechts mit Hinweis auf die von J. F. Lafitau in seinem Werk »Moeurs des sauvages amériquains, comparées aux moeurs des premiers temps« (1724) gemachten Mitteilungen über die Irokesen bestritten, bei welchen später Morgan mutterrechtliche Züge feststellen zu können glaubt. Mühlmann schreibt:

> »Bachofen ist nämlich gar nicht der Entdecker des Mutterrechts; dieser Titel gebührt vielmehr dem französischen Jesuitenmissionar J. F. Lafitau.« (Rassen, Ethnien, Kulturen, 1964, S. 217; vgl. K. Kälin, Indianer und Urvölker nach J. F. Lafitau, 1943, S. 127)

Zunächst ist festzustellen, daß Lafitau den Ausdruck »Mutterrecht« oder »matriarcat« nicht benutzt, ihn auch nicht, wie es z. B. im Wörterbuch der Völkerkunde (Kröner, 1965, S. 472) heißt, »geprägt« hat, auch keinen ähnlichen Ausdruck verwendet. Dieser stammt eindeutig als eine klassifizierende Kategorie von Bachofen.

Lafitau[1] spricht in zwei – gemessen am Gesamtwerk – kurzen Abschnitten von »la Ginécocratie ou Empire des femmes« (1724, Bd. I, S. 77). Der zweite Abschnitt findet sich im Kapitel »Du Gouvernement Politique« nach einigen Absätzen über die Monarchie, Oligarchie und Aristokratie und lautet in der der deutschen Ethnologie weitgehend unbekannten Übersetzung von Schröter (S. 212; 1724, Bd. I, S. 460 f.):

> Die Gynaecocratie oder das Weiberregiment, welche der Grund der lycischen Regierungsart gewesen, kann ehedem fast allen barbarischen Völkern Griechenlands gemein gewesen sein; indem es sich unter fast allen, die Griechenland verlassen, ausgebreitet befand, wie ich solches von den Cantabrern, spanischen und den Völkern Kleinasiens erwiesen habe. Es kann auch sein, daß diese Regierungsart von den Amazonen entstanden, welche ein sehr weitläufiges Reich inne hatten. Es ist ziemlich wahrscheinlich, daß diese Weiber, davon sich einige in Lycien festgesetzt, woselbst sie durch Bellerophon und hernachmals von den Griechen überwunden wurden, des beständigen Krieges endlich müde geworden; und da sie ihren Verfall und Untergang vor Augen gesehen, sich mit ihren Feinden gesetzt, und von diesen in ihre erbauten Städte aufgenommen worden sind, indem sie auf der einen Seite die Domänen beibehielten, die sie bereits in Besitz gehabt, welche entweder in Ländereien, die sie bebauten, oder in Kindern, die sie erzogen, bestanden; auf der anderen Seite aber den Männern dadurch eine Ehre erwiesen, daß sie aus deren Gewohnheiten und den ihrigen eine Vermischung machten, und ihnen die Sorgfalt der Handlungen überließen, daß also die Männer bloß die Ehre hatten, sie aber das Wesentliche besaßen.

Im folgenden teilt Lafitau mit, daß die tatsächliche Regierung bei den Irokesen und Huronen sich stets in den Händen von Männern befand,

1 Joseph François Lafitau (1681–1746): »Moeurs des Sauvages Amériquains, comparées aux Moeurs des Premiers temps«, 2 Bde., Paris 1724. Dt. Übersetzung in: Anonymos (J. Fr. Schröter): Allgemeine Geschichte der Länder und Völker von Amerika, Halle 1752–53. (Im Text sind die Nachweise aus der französ. Ausgabe mit Bd. I oder II und Seitenzahl, die aus der dt. Übers. nur mit Seitenzahl angegeben). Zu Lafitau verweise ich auf das Kapitel über ihn in der Arbeit von Karl-Heinz Kohl, Ethnologie als Apologetik, Manuskript 1978.

die diese als »Anwälte« (S. 213), (procuration, Bd. I, S. 463) ausübten, allerdings richtete sich die Nachfolge nach der Mutterlinie. Dem »Oberhaupt der Familie« ist ein Beisitzer zugeordnet, der von den Frauen ausgewählt wird, bisweilen auch eine Frau ist; diese Beisitzer, Agoiander, sind dem Oberhaupt untergeordnet (S. 218; Bd. I., S. 475). Ferner:

> Die Weiber beratschlagen sich über besondere oder allgemeine Angelegenheiten insgemein zuerst; oder sie sollten es wenigstens nach ihren Grundsätzen tun. (S. 219 f.; Bd. I, S. 477).

Nachdem die Frauen beschlossen haben, teilen sie dies den Oberhäuptern mit, die den Ältestenrat darüber beraten und beschließen lassen. Wenn wir die letzte, von Lafitau selbst eingeschränkte (»sollten«!) Mitteilung berücksichtigt lassen und ebenso die vorletzte, nach welcher Frauen den Beisitzer auswählen, auch selbst Beisitzer sein können, so erhalten wir das Bild einer in der Matrilinie organisierten Gesellschaft. Ich sehe mich berechtigt, diese beiden Mitteilungen zunächst außer acht zu lassen, da diese im weiteren Werk keine Erwähnung oder Explikation mehr finden und die eine auch als Konstruktion gekennzeichnet ist. Lafitau sah sich wegen des Verlustes der »anciennes Coûtumes, et alteration de leurs Moeurs« (Bd. I, S. 25) zu solchen Konstruktionen veranlaßt. Er schreibt:

> J'examine ici ces Moeurs et ces Coûtumes, telles qu'elles étoient avant leur altération, et telles qu'ils les avoient reçûes de leurs Ancêtres. (Bd. I. S. 25 f.)

Solche Konstruktionen sind trotz ihrer grundsätzlichen Ablehnung auch heute noch in der ethnologischen Literatur unter dem Namen der Darstellung im »ethnologischen Präsens« verbreitet, sie eröffnen jedoch jeder Phantasie Tür und Tor: Sie sagen vielleicht etwas aus über die Gesellschaft, aus welcher der Ethnograph kommt, kaum aber ist aus ihnen etwas über die verhandelte Gesellschaft zu erfahren. Der Ethnologe soll zunächst beschreiben, was er beobachtet, insofern ist er selber Zeuge und unmittelbare Quelle des Wissens; wenn er Konstruktionen über frühere Zustände der von ihm beobachteten Völker anstellt, wird er zum Historiker und hat sich dann der von der Geschichtswissenschaft entwickelten Methoden, darunter wesentlich der Quellenkritik, zu bedienen. Die Vorstellung des Mutterrechts speist sich nicht zuletzt aus solchen von Ethnologen ausgeführten Konstruktionen.

Lafitaus erster Abschnitt über die Ginécocratie ou Empire des femmes (den wir nach dem zweiten mitteilen) findet sich im Kapitel »De l'Origine des Peuples de l'Amérique«, in dem er der zu seiner Zeit vieldiskutierten und für die Gültigkeit der biblischen Chronologie und damit des Glaubens wichtigen Frage nachgeht, wie, wann und welche Völker nach Amerika kamen. Er wendet sich gegen eine Reihe von »Mutmaßungen« (wie es in der deutschen Übersetzung von Conjunctures heißt), darunter auch gegen die, die »Gewohnheiten und Sitten der Völker« (les Coûtumes et les Moeurs des Nationes) (Bd. I, S. 48) zum Kriterium machen, da unter diesen »allgemeine und auf die ersten Begriffe gegründete Gewohnheiten anzutreffen« sind (S. 23), von denen kein sicherer Schluß möglich sei. Jedoch könne man sich für Mutmaßungen auf einige »unterscheidende und die genaue Beschaffenheit angebende Umstände« stützen; solche nennt Lafitau: »Traits distinctifs et caractéristiques, certains usages plus particuliers et moins communes« (Bd. I, S. 49), z. B. die Couvade und die Sitten der Amazonen. Solche unterscheidenden und seltenen Gewohnheiten habe er zuerst in der bei den Lykiern wie Irokesen und Huronen nachzuweisenden Gynäkokratie und deren Übereinstimmung zu finden geglaubt, doch habe er dies bei genauerer Prüfung abgewiesen: »Allein diese Kennzeichen, so besonders wie sie auch zu sein scheinen, sind es gleichwohl nicht; und da sie mehreren anderen Völkern gemein sind, wie ich sogleich zeigen werde, so fällt der ganze Grund aller dieser Mutmaßungen weg und lasset uns in unserer vorigen Ungewißheit« (S. 37; Bd. I, S. 76). Denn die Gynäkokratie oder das Frauenreich finde sich bei zahlreichen Völkern. Er führt zum Belege einige, später von Bachofen ebenfalls zitierte antike Autoren (Herodot, Strabo, Nikolaus von Damaskus, Heraklides) an und vergleicht diese mit den Mitteilungen aus Amerika und aus der übrigen Welt. Aus dieser Vergleichung teile ich die von Mühlmann und Kälin zum Belege ihrer Behauptung angeführte Stelle in extenso mit; sie beginnt mit den bekannten Zitaten von Herodot, Heraklides von Pontus und Nikolaus von Damaskus und fährt dann fort:

> Die erste Spur der Ähnlichkeit ist in dem Namen der Lykier selbst anzutreffen. Dieser Name ist ihnen, nach der Geschichtsschreiber Meinung, von dem Lycus, einem Sohn des Pandios, beigelegt worden: der, nachdem er sich zu den Termilern gewendet, durch

seine gemachte(n), sowohl die Religion als die Sitten betreffenden Anordnungen so verehrungswürdig wurde, daß sie ihren bisherigen Namen ablegten, und sich nach dem seinigen nannten. Lykoi bedeutet in griechischer Sprache einen Wolf: Nun sind die Huronen und Iroquesen in drei Familien geteilet, davon die eine von dem Wolfe den Namen führet. Diese Einteilung in drei Familien ist bei ihnen geheiligt und sehr alt, gründet sich auch auf die Fabel von ihrem Ursprunge, die ich zu seiner Zeit anführen werde; und die Wolfsfamilie rühmt sich, den Namen von den allerersten Menschen zu führen, welches mir der Lykier Lycos zu sein geschienen.
Die zweite Spur der Ähnlichkeit besteht in den Vorzügen, welche Heraklidcs aus Pontus und andere dem weiblichen Geschlechte der Lykier vor dem männlichen beilegen. Sonder Zweifel wird dies denen, so die Reisebeschreibungen gelesen, befremdlich vorkommen, denn sie werden daraus ersehen haben, daß unter den Wilden bloß die Mannspersonen eigentlich freie Leute, die Weiber hingegen nur ihre Sklavinnen sind. Inzwischen ist doch nichts gewisser, als dieser herrschaftliche Vorzug der Weiber. Denn auf den Weibern beruht eigentlich die Nation, das adelige Herkommen, der Stammbaum, die Geschlechtsordnung (l'ordre des genérations) und die Erhaltung der Familien. Bey ihnen stehet alle wesentliche Gerichtsbarkeit (l'autorité réelle): das Land, die Felder und ihre ganze Ernte gehört ihnen zu: sie sind die Seele der Beratschlagungen, die Schiedsrichter des Krieges und Friedens. Sie verwahren den öffentlichen Schatz. Ihnen werden die Gefangenen überantwortet. Sie schließen Heiraten. Die Kinder sind nur unter ihrer Gewalt; und nur auf ihrem Geblüte ist das Recht der Erbfolge gegründet. Die Männer im Gegenteil sind gleichsam wie abgefundene Leute, deren Bezirk nicht größer als ihre eigene Person ist. Ihre eigenen Kinder sind ihnen Fremdlinge. Mit ihnen stirbt alles aus. Eine Frau allein ist die Stammhalterin der Hütte: wären aber nur lauter Mannspersonen in solcher Hütte, so erlischt ihr Geschlecht, wie stark sie an Zahl auch immer seien, und wie viele Kinder sie auch immer haben möchten. Und ob man wohl ehrenhalber ein Oberhaupt unter ihnen aussucht, und die Angelegenheiten durch die Ältesten besorget werden; so arbeiten sie doch nicht ihretwegen: sondern es scheint vielmehr, als ob sie nur da wären, damit sie der Weiber Stelle vertreten, und denenselben in solchen Sachen behilflich sein, wo der Wohlstand ihre Gegenwart oder persönliche Verrichtung nicht gestatten will.

Um mehrerer Deutlichkeit willen, und damit die verschiedenen Spuren der Ähnlichkeit, welche von den angeführten Schriftstellern bemerkt worden, desto besser in die Augen leuchten, so ist nötig zu wissen, daß die Heiraten dergestalt geschlossen werden, daß der Mann so wenig als die Frau aus ihrer Familie und Hütte scheiden, um eine besondere Wohnung einzunehmen, und eine neue Haushaltung zu machen. Jeder bleibt in seinem Hause, und die aus dieser Ehe erzeugten Kinder, dieweil sie den Weibern, die sie zur Welt gebracht haben, zugehören, werden als Kinder der mütterlichen, keineswegs aber der väterlichen Hütte und Familie geachtet. Die Güter des Mannes kommen nicht zu der Frauen Hütte, als bei welcher er selbst als ein Fremdling angesehen wird. Und in der Hütte der Weiber werden die Töchter, mit Hintansetzung des männlichen Geschlechts, für Erben gehalten; inmaßen die Söhne nichts als ihren notwendigen Unterhalt bekommen. Auf solche Weise wird dasjenige bestätigt, was Nicolaus von Damascus in Ansehung der Erbschaft und Herodotus in Betracht des Adels anführet; weil die Kinder, vermöge der Abhängigkeit von ihren Müttern, von eben dem Range sind, welche ihre Mütter haben.

Was das richterliche Ansehen (rapport à l'autorité), wovon Heraclides versichert, daß es die Weiber bei den Lykiern seit ihrem Ursprunge beständig gehabt haben; so würde es augenscheinlich unrichtig sein, wenn man dieses also verstehen wollte, als ob solches sich auf die Art in ihren Händen befände, wie wir uns etwa von einem monarchischen oder aristokratischen Staat die Vorstellung machen, in welchem die Weiber, in Ermangelung männlicher Erben, auf den Thron steigen, und die Verwaltung des Reichs über sich nehmen, so daß sie selbst herrschen, und alles in ihrem Namen vollstrecken lassen. Dieses würde, sage ich, offenbar falsch und der Geschichte ganz entgegen sein, welche uns die Namen verschiedener Häupter der Lykier, als Sarpedo, Lykus, Glaukos, Xantus, Pandare, Jobates, Amisodarus und andere mehr aufbehalten, ohne daß irgendein weiblicher Name unter selbigen anzutreffen wäre. Dieses erfordert eine Erklärung, die sich aus demjenigen, was ich oben angeführet, leicht ergibt, und auch daher deutlich wird, weil ich schon gesagt habe, daß das wahre richterliche Ansehen sich in ihren Händen befinde: nur daß sie Oberhäupter in ihren Familien erwählen, welche dieses richterliche Ansehen vorstellen, und denen dasselbe nebst den Ältesten gleichsam zu treuen Händen verwarlich übergeben wird; wie hernach, wann ich von ihrer

> Regierungsform handle, gezeigt werden soll. Die Weiber wählen diese Häupter aus ihren Brüdern mütterlicher Seite, oder wohl gar aus ihren Kindern; und dieses sind die Brüder oder Enkel derjenigen, welche in den Hütten der Mütter die Erbfolge haben. (dt. S. 34 ff.; Bd. I, S. 69 ff.)

Lafitau hat ohne jeden Zweifel die *matrilineare* Erbfolge, auf die Mühlmann das Mutterrecht auch gerne einschränken möchte (»Mutterrecht, d. h. die Abstammungsberechnung nach der mütterlichen Seite«, Rassen, Ethnien, Kulturen, S. 215), gesehen und ihrer Merkwürdigkeit hinreichend Ausdruck gegeben. Ob er sie in ihrer Bedeutung als eine Grundlage der Stammesorganisation im Vergleich zu anderen und zu nicht durch Verwandtschaft organisierten Gesellschaften erkannt hat – wobei er sie vielleicht auch angesichts des Standes der Entwicklung der ethnologischen Theorie und der gesellschaftlichen Verhältnisse in Europa gar nicht erkennen konnte –, halte ich für fragwürdig. Es ist auch ohne Zweifel, daß Lafitau einen Vergleich zwischen antiken Berichten und ethnographischen Mitteilungen bzw. Beobachtungen in dieser Sache anstellt; ferner ist es ohne Zweifel, daß er auf die relative Verbreitung dieser Erbfolge hingewiesen hat. Aber sie bleibt bei ihm eine Merkwürdigkeit, ein Kuriosum, das er als solches für seine Abstammungstheorie der Irokesen und Huronen heranzuziehen gedachte. Insoweit Lafitaus Überlegungen eine Geschichtstheorie implizieren – und dies ist bemerkenswert genug –, ist deren Inhalt eine genealogische Abstammungslehre und Wanderungstheorie bzw. -hypothese von Völkern. Die für die Begründung der Abstammung herangezogenen Merkwürdigkeiten wie die matrilineare Erbfolge bleiben dieser Theorie äußerlich; bei Bachofen ist demgegenüber Mutterrecht und die Entwicklung von diesem zum Patriarchat selbst Inhalt der Theorie: matrilineare Erbfolge und Mutterrecht sind damit scharf von exotischen oder sonderlichen Erscheinungen abgehoben. Mutterrecht ist in der Bachofenschen Konstruktion nichts Zufälliges, sondern Teil eines allgemeinen, in der »Gleichartigkeit und Gesetzmäßigkeit der menschlichen Natur« begründeten, den menschlichen Kulturfortschritt ausmachenden Prozesses, und hat ihre sachliche Grundlage im Primat des Gebärens, welches der Frau unter der Herrschaft des stofflichen Prinzips eine bevorrechtigte Stellung geben soll, und es sei ökonomisch durch die Erfindung der Frau: den frühen Ackerbau, begründet. Lafitau versuchte mit Hilfe von Traits distinctifs et charactéristiques, certains usages plus particuliers et moins communes, die Frage nach der Herkunft der Bewohner Amerikas und damit die nach der Kontinuität und Einheit der menschlichen Gattung zu lösen – ich erinnere daran, daß es nicht immer unstrittig war, ob die Indianer Menschen seien. Unter diesen Merkwürdigkeiten führt er das auf, was er im Anschluß an die antiken Autoren und von diesen m. E. irregeleitet Gynäkokratie nennt. Von einer Matriarchatstheorie kann darüber hinaus bei Lafitau ganz und gar nicht gesprochen werden. Auch wenn man eine historische Realität der Bachofenschen Kulturstufen als soziales Gebilde nicht nachweisen kann, ja – wie ich meine – bestreiten muß, bleibt die psychische Realität des von Bachofen am Beispiel mythischer Vorstellungen analysierten Konfliktes, welchen Lafitau nicht gesehen hat und auch nicht zum Gegenstand gemacht hat: der Geschlechterkampf. Ich meine, daß Mühlmanns zitierte Behauptung über den Primat der Entdeckung des Mutterrechts insoweit unzutreffend ist. Mühlmanns Reduktion des Mutterrechts auf matrilineare Abstammung und sein Versuch, Bachofen die Originalität zu bestreiten, scheint eher anzuzeigen, daß er das von Bachofen ins Bewußtsein und die Diskussion gerückte Problem, zu dem die Völkerkunde einiges zu sagen hätte, ausklammern oder sogar erneut verdrängen will.

Es muß natürlich angemerkt werden, daß ein Vergleich zwischen einem Ethnographen des frühen 18. Jahrhunderts und einem Mythologen aus der Mitte des 19. Jahrhunderts selbst ein Problem darstellt, Ich führe diesen nur zur Prüfung der von Mühlmann aufgestellten Behauptung aus und lasse bewußt eine Diskussion des Lafitauschen Werkes außer acht, zumal dies nicht Gegenstand meiner Untersuchung ist.

II. Die Arbeit ist männlich:

Das Mutterrecht in der politischen Ökonomie bei Friedrich Engels

Friedrich Engels schreibt in seinem 1884 veröffentlichten, sich wesentlich auf Lewis Morgan stützenden Buch über »Den Ursprung der Familie, des Privateigentums und des Staates«: »Der Umsturz des Mutterrechts war die *weltgeschichtliche Niederlage des weiblichen Geschlechts«* (MEW 21, S. 61). Dies impliziert eine – wenn auch nicht detailliert ausgeführte – Mutterrechtstheorie, und Engels macht darüber hinaus deutlich, daß er die weitere menschliche Geschichte auch als »Widerstreit der Geschlechter«, als »Unterjochung des einen Geschlechts durch das andere« (S. 68) auffaßt. Die Niederlage des weiblichen Geschlechts bildet die wesentliche Wendemarke der Geschichte, insoweit sie hier in Betracht kommt. Bis zu dieser Niederlage gilt Engels die Geschichte des menschlichen Geschlechts wesentlich als Produkt der »Naturzüchtung« (S. 57), also als Naturprozeß, erst danach treten »gesellschaftliche Triebkräfte in Wirksamkeit«. Bis zur Niederlage des weiblichen Geschlechts und zugleich der Errichtung des Privateigentums und der Monogamie erscheint ihm die Entwicklung der Familie als Prozeß zur Beschränkung und schließlichen Beseitigung der »Inzucht«, hervorgerufen durch einen »dunklen Drang« (S. 49), der »sich aber und abermals (...), aber ganz naturwüchsig-tastend, ohne klares Bewußtsein des Ziels (geltend macht)« (S. 50). Bis zur Niederlage des weiblichen Geschlechts ist die Entwicklung der Familie und der menschlichen Gattung – denn dies ist bis dahin ihr wesentlicher Inhalt – als Resultat der »natürlichen Zuchtwahl« (S. 52) ausgegeben, die menschliche Geschichte bis dahin noch wesentlich ein *natur*historischer und kein *gesellschaftlich*-historischer Prozeß. Dadurch erscheint die – soweit wir sehen – erste gesellschaftliche Organisation des Menschen, die Einteilung eines Stammes in exogame Teile, bei Engels Gentes genannt, allgemeiner ausgedrückt: die Organisation der Gesellschaft durch Verwandtschaftssysteme, als Resultat eines Naturprozesses und nicht als das, was sie tatsächlich ist: gesellschaftliche Setzung.

Nun ist es offensichtlich sinnlos, Engels die Mangelhaftigkeit der ethnologischen Quellen seiner Konstruktion vorzuhalten, aber vorzuhalten ist ihm die mangelnde Reflexion in seiner Konstruktion, denn die einzelnen Stufen der Familienentwicklung sind nicht miteinander vermittelt und die Übergänge nicht angegeben, auch nicht durch Hilfskonstruktionen anzugeben; und Engels bemüht denn auch eine genau besehen unausgewiesene biologische Theorie und übersieht, nach den gesellschaftlichen Ursachen der Inzestvorschriften zu fragen. Ich vergesse bei dieser Kritik nicht, daß wir auch biologische Wesen sind und als solche unser Handeln auch eine biologische Grundlage hat. Aber »Naturtatsachen« treten uns immer schon als gesellschaftlich vermittelte gegenüber. Deswegen kommt es darauf an, zunächst immer nach den gesellschaftlichen und historischen Bedingungen zu fragen, bevor man seine Zuflucht zur »Naturzüchtung« nimmt; denn der geschichtlich-gesellschaftliche Prozeß mag das, was als Natur sich darstellt, längst in sein Gegenteil verkehrt haben. Engels hätte sich die Frage vorlegen müssen, wie die Entstehung der Blutsverwandtschaftsfamilie, in der jeweils die Mitglieder einer Generation Ehegatten sein sollen (S. 43), aus der Horde mit völlig ungeregeltem Geschlechtsverkehr, wie der Übergang von diesen Blutverwandtschaftsfamilien zur Punaluafamilie bzw. Gruppenehe, in welcher neben dem bestehenden Verbot des Geschlechtsverkehrs zwischen Eltern, Kindern und Enkeln der Verkehr zwischen Schwester und Bruder ausgeschlossen sei, und wie weitere Entwicklungen zustande gekommen sein sollen. Er hätte fragen müssen, durch welchen gesellschaftlichen Prozeß – denn Inzestverbote und Exogamiebestimmungen sind keine unmittelbar gegebene Naturprodukte – diese Entwicklungen jeweils zustande gekommen sind. Der wiederholte Hinweis, das eine habe sich allmählich aus dem anderen entwickelt, zeigt deutlich auf die fehlenden Übergänge hin. Entwicklungen sind nachzuzeichnen, nicht einfach zu behaupten. Hier sind bei Engels keine Vermittlungen: Nur ein dunkler Drang herrscht, der den Inzest verhindern soll – dabei weiß auch Engels, daß die Gentilverfassung oder Organisation nach Verwandtschaft bei unliniearer Deszedenz die Verhinderung des Inzests bzw. des Geschlechtsverkehrs von nahen Verwandten nicht einmal leistet, indem z. B. bei matrilinearer Deszedenz die männlichen Verwandten eines Mannes, z. B. die Söhne seiner Schwestern, die Töchter seiner Frau heiraten können, ja, wie wir heute wissen, diese Ehe von Vetter und Base ersten Grades, z. B. bei den von B. Malinowski untersuchten Trobriandern, als besonders wünschenswert gilt; – mit Dunkelheit und dunklem Drang läßt sich eben wenig begreifen und erklären. Und Engels schreibt auch beiläufig und offensichtlich im Widerspruch zur Naturzüchtungstheorie, daß die Ächtung des Inzestes eine »gesellschaftliche Ächtung« (S. 46) und daß die Blutschande eine Erfindung, und zwar, wie er weiter ausführt, »eine höchst wertvolle« Erfindung sei (S. 42), daß die Inzesteinschränkungen durch die »Sitte« und, wie ich hinzufüge, nicht wegen eines biologischen Vorteils durchgesetzt wurden und, wie die neueste Entwicklung zeigt, bei Entwicklung anderer Instanzen der gesellschaftlichen Synthesis auch wieder aufgehoben werden können. Ein biologischer Vorteil, wie Engels ihn sich dachte (vgl. S. 45 und 52), läßt sich kaum nachweisen und war schon zu Engels Zeiten nicht unbestritten. Auch ist es fraglich, ob die angenommenen eugenischen Resultate der Inzestregulierungen in jenen Urzeiten erkennbar und wirksam gewesen waren und ob sie überhaupt existieren. Die Einführung der Inzestverbote und Exogamiebestimmungen und damit das Verwandtschaftssystem als erster gesellschaftlicher Organisation war eine gesellschaftliche Tat und nicht Resultat des Prinzips einer »natürlichen Zuchtwahl«. Mit der Deutung dieses ersten Teils der menschlichen Geschichte als Naturgeschichte, der bis zur weltgeschichtlichen Niederlage wesentlich durch die Vorherrschaft der Frau bestimmt sei und die matriarchale Phase der Gattungsgeschichte ausmache, wird zugleich die Frau und ihre Arbeit dem Naturprozeß zugeschlagen und nicht dem gesellschaftlich-historischen; dieser beginnt erst mit ihrer Niederlage und damit zugleich mit der Tätigkeit des Mannes. Deutlich wird dies auch, wenn Engels die Monogamie, das erste Resultat der weltgeschichtlichen Niederlage der Frau, als »erste Familienform, die nicht auf *natürliche,* sondern auf *ökonomische* (in der Ausgabe von 1884 hieß es: *»gesellschaftliche«)* Bedingungen gegründet war«, bezeichnet (S. 67 f., Kursives von mir). Der gesellschaftliche und geschichtliche Prozeß ist damit zugleich den Männern vorbehalten; die Frau als Teil noch der Natur, mit ihren Ansprüchen und Bedürfnissen, kann erst nach Vollendung dieses Prozesses, bei Resurrektion der Natur, wieder zur Geltung kommen. Bis dahin aber ist sie als Frau aus dem Geschichtsprozeß ausgeschlossen. Da Engels in scharfem Gegensatz zu Bachofen für die Befreiung der Frau eintrat, es ihm auch ganz und gar nicht darauf ankommt, die Frau auf ein Naturwesen (etwa im Sinne einer sogenannten anthropologischen Konstante) ohne gesellschaftliche und geschichtliche Vermittlung zu reduzieren, ist zu fragen, aus welchen Gründen er in der hier diskutierten Schrift eine solche Theorie, und d. h. auch: Anleitung zur Praxis, vertritt. Vorwürfe und Bezichtigungen, Engels sei ein heimlicher oder offener Patriarchat gewesen, sind m. E. unberechtigt und verstellen lediglich die Erkenntnis dessen, was von Engels über die Unterdrückung der Frau zu erfahren ist.

Unter Mutterrecht verstand Engels zunächst die »ausschließliche Anerkennung der Abstammungsfolge nach der Mutter und die daraus sich mit der Zeit ergebenden Erbfolgebeziehungen« (S. 48), und er fügt hinzu, daß er diesen Namen der Kürze wegen beibehalte, »er ist aber schief, denn auf dieser Gesellschaftsstufe ist von Recht im juristischen Sinne noch nicht die Rede«. Die ausschließliche Anerkennung der Mutterlinie und damit des über diese weitgehend bestimmten sozialen Status eines Menschen erscheint Engels als natürliches Resultat von Gruppenehenverhältnissen, in denen der Vater eines Kindes ja immer ungewiß sein muß. Allein dies ist nicht zwingend, die soziale Zuordnung eines Menschen ist zunächst eine gesellschaftliche Setzung, sicherlich nicht ohne Rücksicht auf vorgefundene Bahnen, aber auch unabhängig von diesen vorgenommen, wie z. B. die Bestimmung der Staatsbürgerschaft heute entweder nach dem Vater (Deutschland), der Mutter (Israel) oder nach dem Geburtsort (Frankreich und USA) oder wie die merkwürdige Einrichtung des »Konzeptionstotemismus« zur Bestimmung des persönlichen Totems bei den zentralaustralischen Aranda[1] zeigt. Auch scheint es fragwürdig, ob die sozialen Erbfolgebeziehungen, worunter wir nicht allein die Vererbung des unter primitiven Verhältnissen meist unbedeutenden sachlichen Besitzes eines Menschen[2], sondern die Bestimmung des gesellschaftlichen Standes, der sozialen Verpflichtungen und Rechte usw. – bei einem Jäger- und Sammlervolk z. B. auf Jagd- und Sammelgebiete – verstehen wollen, unmittelbar aus der biologischen Abstammung resultieren und ob nicht vielmehr die Abstammungsberechnung Folge der für jede Gruppe und Gesellschaft notwendigen Regulierung einer sozialen Zuordnung der Individuen ist.

Als zweite Bestimmung des Mutterrechts gibt Engels an, daß »die aus früherer Zeit überlieferte kommunistische Haushaltung« die Herrschaft der Weiber im Hause, wie ausschließliche Anerkennung einer leiblichen Mutter bei Unmöglichkeit, einen leiblichen Vater mit

1 Der persönliche Totem eines Aranda wird folgendermaßen bestimmt: Die Frau teilt den alten Männern ihrer lokalen Totemgruppe mit, an welchem Ort sie zum erstenmal ihre Schwangerschaft wahrgenommen habe. Diese beraten dann, welcher Ahn an diesem Ort oder in seiner Nähe sich aufgehalten haben mag, um geboren zu werden.

2 Dieser wird bei vielen Völkern nach dem Tode einfach verbrannt oder sonstwie zerstört.

Gewißheit zu kennen, hohe Achtung der Weiber, d. h. der Mütter, bedeutet« (S. 53). Schließlich sei mit der kommunistischen Haushaltung auch »jene in der Urzeit allgemein verbreitete Vorherrschaft der Weiber« verbunden, die entdeckt zu haben auch ein Verdienst Bachofens sei (S. 54).

Was Vorherrschaft der Weiber heißen soll, macht Engels selbst an keiner Stelle deutlich. Da sie in der kommunistischen Haushaltung und Herrschaft der Weiber im Hause ihre sachliche Grundlage haben soll, muß sie sich auch auf anderes beziehen. Engels verwendet auch nicht den Bachofenschen Ausdruck Gynäkokratie oder Weiberherrschaft, sondern er spricht in deutlicher Differenz zu Bachofen von Vorherrschaft, so daß trotz des Verweises auf Bachofen wohl kaum dessen – wie ich darzustellen versucht habe – unausgewiesene Vorstellungen gemeint sein können. Nur durch ein von Engels angeführtes Zitat von Wright scheint eine nähere Bestimmung gegeben. In diesem heißt es: »Die Weiber waren die große Macht in den Clans (Gentes) und auch sonst überall. Gelegentlich kam es ihnen nicht darauf an, einen Häuptling abzusetzen und zum gemeinen Krieger zu degradieren« (S. 54). Doch ist dies die einzige Erläuterung, so daß dunkel bleibt, was Engels mit Vorherrschaft der Weiber als einer Bestimmung des Mutterrechts meint.

Im weiteren Text rekurriert Engels auf einzelne scheinbar matriarchale Erscheinungen unter patriarchalen Verhältnissen, die er – wie es damals üblich war – als Überbleibsel des Matriarchats ansieht. Man könnte aus diesen verstreuten einzelnen Mitteilungen wie in einem Puzzle weitere Bestimmungen der Vorherrschaft der Frau gewinnen. Allein gesellschaftliche Einrichtungen müssen zunächst in ihren aktuellen Zusammenhängen analysiert werden, denn tatsächlich »tote« gesellschaftliche Einrichtungen gibt es nicht, sogenannte Überbleibsel brauchen für ihr Fortexistieren ein aktuelles Bedürfnis, das sich in ihnen befriedigt. Ist dies aber einmal erkannt, ist eine Erklärung, z. B. aus einem hypothetischen Mutterrecht, meist überflüssig. Die Überbleibselargumentation verstellt eher den Blick für die aktuelle gesellschaftliche Bedeutung einer Einrichtung, als daß sie diese aufklärt. Ferner verfährt die Überbleibselmethode – d. h. die Methode, einzelne, zunächst unverständliche gesellschaftliche Einrichtungen bei vielen Völkern als Reste eines gemeinsamen Urzustandes oder zumindest früheren Zustandes zu erklären – unhistorisch, indem sie keine bestimmte Geschichte untersucht, und pauschalisierend, indem einzelne Einrichtungen aus verschiedensten Zeiten und Kulturen unter einem vom Forscher bestimmten Gesichtspunkt zusammengestellt werden. Engels rekurriert zwar auf die Überbleibseltheorie, vermeidet es aber, aus den einzelnen, verstreuten Mitteilungen ein Bild, oder, wie Bachofen sagen würde: Gemälde einer eigenen Kulturstufe zu konstruieren. Ich meine deshalb, daß es unzulässig sei, nachträglich diese Mitteilungen zu einem Bild zusammenzusetzen. Für die nähere Bestimmung dessen, was Vorherrschaft der Frau heißen soll, ergibt dies auch nicht viel mehr, als daß die Frauen das Recht haben, die Kinder zu verheiraten, und im direkten Widerspruch zu jeglicher Vorherrschaft – wie ich meine –, daß die Frauen bei dem Engelsschen Paradebeispiel eines mutterrechtlichen Stammes: den Irokesen, das Recht haben, im Stammesrat »durch einen Redner ihrer Wahl ihre Ansichten vortragen« zu lassen (S. 92).

Nicht viel anders verhält es sich mit der Bestimmung der Herrschaft der Weiber im Hause. Hierzu heißt es bei Engels: »Kommunistische Haushaltung bedeutet aber Herrschaft der Weiber im Hause ...« (S. 53). Und weiter: »Nach der damaligen Arbeitsteilung in der Familie fiel dem Mann die Beschaffung der Nahrung und der hiezu nötigen Arbeitsmittel, also auch das Eigentum an diesen letzteren zu; er nahm sie mit, im Falle der Scheidung, wie die Frau den Hausrat behielt« (S. 59). Und an anderer Stelle: »Die Teilung der Arbeit ist rein naturwüchsig; sie besteht nur zwischen den Geschlechtern. Der Mann führt den Krieg, geht jagen und fischen, beschafft den Rohstoff der Nahrung und die dazugehörigen Werkzeuge. Die Frau besorgt das Haus und die Zubereitung der Nahrung und Kleidung, kocht, webt, näht. Jedes von beiden ist Herr auf seinem Gebiet: der Mann im Walde, die Frau im Hause. Jedes ist Eigentümer der von ihm verfertigten und gebrauchten Werkzeuge: der Mann der Waffen, des Jagd- und Fischzeugs, die Frau des Hausrats. Die Haushaltung ist kommunistisch, für mehrere, oft für viele Familien« (S. 155). Schließlich heißt es noch: »In der alten kommunistischen Haushaltung, die viele Ehepaare und ihre Kinder umfaßte, war die den Frauen übertragene Führung des Haushalts ebensogut eine öffentliche, eine gesellschaftlich notwendige Industrie, wie die Beschaffung der Nahrungsmittel durch die Männer« (S. 75).

Mit dem Sturz des Mutterrechts und besonders mit der Einführung der monogamen Einzelfamilie habe sich zunächst nicht so sehr die Tätigkeit als vielmehr der Charakter der Arbeit der Frau geändert: »Die Führung des Haushalts verlor ihren öffentlichen Charakter. Sie ging die Gesellschaft nichts mehr an. Sie wurde Privatdienst; die Frau wurde erste Dienstbotin, aus der Teilnahme an der gesellschaftlichen Produktion verdrängt« (S. 75). Hierin aber, in dem Unterschied des gesellschaftlichen Charakters der Arbeit der Frau liegt nach Engels die wesentliche Differenz zwischen matriarchalen und patriarchalen Verhältnissen, so daß die Befreiung der Frau an die Änderung der Produktionsverhältnisse geknüpft ist, indem einerseits die Befreiung der Frau »die Wiedereinführung des ganzen weiblichen Geschlechts in die Industrie« und die Beseitigung der Einzelfamilie als wirtschaftliche Einheit der Gesellschaft voraussetzt und andererseits zugleich die »Privathaushaltung« in eine »gesellschaftliche Industrie« verwandelt wird (S. 77). Möglich geworden sind diese Voraussetzungen aber erst durch die »moderne Industrie, die nicht nur Frauenarbeit auf großer Stufenleiter zuläßt, sondern förmlich nach ihr verlangt und die auch die private Hausarbeit mehr und mehr in eine öffentliche Industrie aufzulösen strebt« (S. 158). Tatsächlich realisierbar ist die Befreiung der Frau erst mit dem »Übergang der Produktionsmittel in Gemeineigentum«, »mit der Verwandlung der Produktionsmittel in gesellschaftliches Eigentum«.

So sehr es keinen Zweifel duldet, daß die Eigentums- und Verfügungsverhältnisse wesentlich zur Unterdrückung der Frau und ihrer gesellschaftlichen Hintansetzung beitragen, ja diese bestimmen, so sehr ist darauf aufmerksam zu machen, daß nach dieser Argumentation die Befreiung der Frau – und d. h.: daß sie freies Subjekt ihres Lebens wird – an Veränderungen der gesellschaftlich organisierten Produktionsverhältnisse geknüpft ist, auf die sie direkt keinen Einfluß nehmen kann: Insofern sie nämlich Frau eines Mannes ist, ist sie nur über diesen an den gesellschaftlichen Produktionsprozeß angeschlossen und unter ihn subsumiert – sie müßte also ihren Mann dazu bringen, die gesellschaftlichen Verhältnisse zu ändern; insoweit sie selbst eine Erwerbstätigkeit ergreift, verliert sie als Frau ihre Qualitäten und wird schlicht zum Arbeiter, denn vor dem Kapital wird alle Arbeit gleich, und das Geschlecht interessiert nicht. (Ich sehe von den Fällen ab, in denen das Kapital das Geschlecht unmittelbar zusätzlich ausbeutet, wie etwa in den heute Eros-Center genannten Bordellen.) Die Frau kann also in dem Prozeß, als dessen Resultat sie freies Subjekt sein soll, selbst nicht als Frau Subjekt sein, sich nicht vermittelst dieses Prozesses als Subjekt konstituieren. Ebensowenig wie die Frau in der Phase der »Naturzüchtung« bis zur weltgeschichtlichen Niederlage des weiblichen Geschlechts Subjekt war – durchgesetzt habe sich ja der »dunkle Drang« zur Verhinderung der Inzucht und nicht die Interessen der Frau; von diesen ist kaum die Rede –, ebensowenig gelingt es Engels, die Frau als Subjekt ihrer Befreiung, den Widerstreit der Geschlechter als politisch wirksamen Konflikt anders als durch Subsumption unter den Klassenkampf zu begreifen. Die Frau ist bisher nicht, auch nicht in der von Engels als Mutterrecht bezeichneten Phase, Subjekt ihrer Geschicke gewesen, Subjekt der Geschichte war sowohl bei der Niederlage wie bei der Befreiung der Frau der Mann. Für die Politik aber heißt dies, einen wesentlichen gesellschaftlichen Konflikt – und d. h. konkret zumindest die eine Hälfte der daran Beteiligten – aus der Politik praktisch zu eskamotieren. Dies kann nur, und die letzten hundert Jahre haben dies auch gezeigt, zu Mängeln in der Politik führen, da jeder an diesem Konflikt ständig beteiligt ist, und es verweist zugleich auf einen Mangel in der Theorie.

Bevor ich jedoch auf diesen Mangel näher eingehe, möchte ich die Engelssche Darstellung der primitiven Produktionsverhältnisse und der naturwüchsigen Arbeitsteilung zwischen Mann und Frau, die ja Grundlage des Mutterrechts und der Herrschaft der Frau im Hause sein soll – sozusagen als Vorüberlegung –, näher betrachten. Zunächst einmal ist schlicht zu konstatieren, daß die von ihm angenommene Arbeitsteilung, nach welcher »der Erwerb immer Sache des Mannes gewesen war« (S. 157), mit den von der Völkerkunde festgestellten Tatsachen nicht übereinstimmt und daß dies auch Engels bekannt war. Seine Erklärung, daß die Auffassung, daß das Weib »im Anfang der Gesellschaft Sklavin des Mannes« gewesen sei, eine der »absurdesten, aus der Aufklärung des 18. Jh. überkommenen Vorstellungen« sei (S. 53), ändert daran überhaupt nichts und zeigt höchstens ein bedenkliches Stück Ignoranz. Noch hervorstechender wird sie, wenn Engels auf der nächsten Seite schreibt, daß »die Belastung der Weiber mit übermäßiger Arbeit bei Wilden und Barbaren« ihrer Vorherrschaft keineswegs widerspreche. Die Teilung der Arbeit zwischen den Geschlechtern sei durch ganz andere Ursachen als die Stellung der Frau in der Gesellschaft bedingt« (S. 54). Man fragt sich, was Engels sich hierbei wohl gedacht habe: Denn worum geht es Herrschaft im Grunde, wenn nicht um die Aneignung von und Verfügung über die Arbeit, genauer das Mehrprodukt der Arbeit von anderen Menschen und damit um die Bestimmung über ihr Leben. Bisher hat sich noch keine herrschende Gruppe durch Belastung mit übermäßiger und unangenehmer Arbeit ausgezeichnet, im Gegenteil hat sie immer versucht, diese den Beherrschten aufzubürden. Die Teilung und

Verteilung der Arbeit ist sehr wohl ein Indiz für die gesellschaftliche Stellung der Frau bzw. aller Menschen, wenn nicht sogar das Wesentliche.

Ferner ist festzuhalten, daß die von Engels hypostasierte Arbeitsteilung zwischen den Geschlechtern, nach welcher der Mann die Nahrung besorgt und die Frau sie zubereitet, »kocht, webt und näht«, ebenfalls nicht mit den von Primitiven bekannten Verhältnissen übereinstimmt, insoweit nämlich den Frauen in einer Jäger- und Sammlergesellschaft das Sammeln obliegt und sie z. B. an Treibjagden zumindest als Hilfskräfte teilnehmen und in den meisten primitiven Hack- und Ackerbaukulturen die Bewirtschaftung der Gärten und Felder besorgen und die Männer allenfalls das Roden des Waldes und den Hausbau übernehmen. Die Frauen also produzieren zumindest einen wesentlichen, wenn nicht sogar überwiegenden Anteil der Nahrung und verarbeiten ihn nicht nur.

Engels versucht in seiner Darstellung, die Arbeit der Frau auf Hausarbeit einzuschränken, um hierin die Grundlage für die Herrschaft der Weiber im Hause und zugleich die für die Unterdrückung der Frau zu haben, die eintreten mußte, sobald sich das Verhältnis zwischen Hausarbeit und Arbeit draußen ändert. Allein diese Verteilung der Arbeit und Sphären: »die Frau im Hause«, »der Mann im Walde«, ist eine Phantasie, mit welcher zugleich diejenige einer so begründeten Herrschaft der Frau im Hause und eines Mutterrechts fällt.

Ein deutliches Indiz für Engels' Verdrängung der Arbeit der Frau scheint mir in seiner kurzen Nachzeichnung der ökonomischen Entwicklung der Vorgeschichte im letzten Kapitel seines Buches vorzuliegen. Dort spricht er von der »rein naturwüchsigen« Arbeitsteilung zwischen den Geschlechtern, der er als *»erste große gesellschaftliche Teilung der Arbeit«* die Entstehung der Züchtung von Vieh entgegensetzt, von der die weitere Entwicklung ausgeht (S. 155). Als »zweite große Teilung der Arbeit« bezeichnet er die Sonderung des Handwerks (S. 159). Die Entwicklung des Hack- und Ackerbaues, die viel allgemeiner und wahrscheinlich bedeutender für die Menschheit war als die Viehzucht, ist schlicht übergangen. Sie wird ja auch der Frau zugeschrieben, was Engels spätestens bei Bachofen hätte erfahren können. Doch paßt eine solche gesellschaftliche und nicht naturwüchsige oder natürliche Produktivität der Frau nicht in seine Konstruktion.

Nun könnte der Einwand erhoben werden, und ist auch erhoben

worden, daß die bei den heutigen Primitiven festgestellten Verhältnisse nichts Zuverlässiges über die Verhältnisse in der Vorgeschichte aussagen. Dies ist zutreffend. Allein, da von den Bodenfunden, welche die Hauptquelle unserer Informationen über die Menschen der Prähistorie ausmachen, kaum Sicheres über ihre gesellschaftlichen Verhältnisse auszumachen ist, die Bodenfunde selbst ohne die völkerkundlichen Parallelen überhaupt meist unverständlich bleiben, bleibt nur der Versuch, mit Hilfe einer Parallelisierung mit heute lebenden Primitiven, die vorgeschichtlichen Verhältnisse zu rekonstruieren, oder der Verzicht, etwas über das im Boden gefundene Material Hinausgehende, z. B. über die gesellschaftlichen Verhältnisse, auszusagen. Eine gewisse Stütze findet eine Parallelisierung darin, daß mit Hilfe der Bodenfunde einiges über die Produktionstechniken und Methoden zu erfahren ist. Diese sind nach ihrem jeweiligen Entwicklungsstand durchaus denen heutiger Primitiver ähnlich und vergleichbar, so daß wir zumindest sagen können: die heute lebenden Primitiven, mit jeweils ähnlichen Produktionsmethoden, zeigen, daß die ökonomischen Bedingungen von Jäger- und Sammlergesellschaften, Hack- und Ackerbaukulturen ebenfalls eine Unterdrückung und gesellschaftliche Hintansetzung der Frau hervorbringen bzw. aufrechterhalten und nicht ausschließen, und daß es mithin keinen Anhaltspunkt dafür gibt, daß unentwickelte ökonomische Verhältnisse eine Vorherrschaft der Frau notwendig oder auch nur ihre Unterdrückung unmöglich machen.

Die Unterdrückung der Frau scheint älter zu sein als das individuelle Eigentum an Produktionsmitteln und deshalb durch andere Ursachen bedingt. Engels' Versuch, die Unterdrückung der Frau primär auf die Entstehung des Eigentums zurückzuführen, verstellt ihm den Blick für die primitiven gesellschaftlichen Verhältnisse und zugleich den für eine zureichende Analyse der nicht bzw. nicht vornehmlich durch Tauschverhältnisse konstituierten Beziehung zwischen Mann und Frau, zumal in der Ehe.

Nun könnte geltend gemacht werden, daß die Unterdrückung der Frau zwar älter als das Eigentum sei und ihren Grund in unmittelbaren Herrschafts- und Knechtschaftsverhältnissen habe; daß aber nach Entstehung des Eigentums diese Unterdrückung einen neuen, sachlichen Grund erhalten habe, zumal seit die bürgerliche Gesellschaft tendenziell alle sozialen Beziehungen in Tauschverhältnisse verwandelt habe, so daß nun nicht mehr die persönlichen, sondern die sachlichen Beziehungen die Grundlage für die Unterdrückung der

Frau abgeben und sie reproduzieren, gegenüber denen die Entstehung dieser Unterdrückung gleichgültig geworden sei; daß mithin die Befreiung der Frau mit der Beseitigung der sachlichen Abhängigkeit erreicht sei. Dies hätte zur Voraussetzung, daß bereits alle persönlichen Beziehungen zwischen Mann und Frau in Tauschverhältnisse verwandelt sind. Die bisherige Entwicklung scheint aber durch die zunehmende Privatisierung des Verhältnisses zwischen Mann und Frau eher eine Zunahme der persönlichen Abhängigkeit anzuzeigen, so daß die allgemeinen Tauschverhältnisse sich die Ehe als Ort der Reproduktion der Gattung zu einer äußeren Voraussetzung gemacht haben und die Ehe eben nicht in ein Tauschverhältnis verwandeln.

Auch in den späteren, den primitiven ökonomischen Verhältnissen folgenden Entwicklungen ist im Gegensatz zu Engels' Annahme die Frau nicht auf die Verarbeitung der vom Manne herbeigeschafften Rohstoffe beschränkt, da sie im Mittelalter und in der Neuzeit, zumindest bis zur Industrialisierung, z. B. immer an den Erntearbeiten beteiligt war und die Besorgung des Viehs und des Gartens meist allein erledigte. Selbst am Handwerk des Mittelalters und noch lange danach hatten die Frauen wesentlich Anteil, wie nicht zuletzt ihr sukzessiver Ausschluß aus dem Handwerk im 17. und 18. Jahrhundert, also zu Beginn der Manufakturarbeit und Industrialisierung belegt (vgl. dazu z. B.: Karl Bücher, Die Frauenfrage im Mittelalter, S. 19 f.). Kurz, die von Engels schon für die Urzeit angenommene Beschränkung der Frauen auf das Haus und ihr Ausschluß aus dem Erwerbsleben scheint in diesem Ausmaße erst Produkt der Industrialisierung zu sein, die erst eine Trennung zwischen Arbeit in der Manufaktur sowie der Fabrik und Hausarbeit in gesellschaftlich relevantem Maße bedingt. Die Trennung zwischen Arbeit und Haus überhaupt[1] und damit die Scheidung zwischen Tätigkeit des Mannes außer dem Hause als Erwerb und der Hausarbeit der Frau, was Engels als naturwüchsige Arbeitsteilung der Geschlechter erscheint, ist in

1 In den Pariser Manuskripten ist bei Marx die Trennung von Arbeit und Haus ein Indiz der »Entäußerung« der Arbeit. Es heißt dort: »Der Arbeiter fühlt sich daher erst außer der Arbeit bei sich und in der Arbeit außer sich. Zu Hause ist er, wenn er nicht arbeitet, und wenn er arbeitet, ist er nicht zu Hause. Seine Arbeit ist daher nicht freiwillig, sondern gezwungen, Zwangsarbeit. Sie ist daher nicht die Befriedigung eines Bedürfnisses, sondern sie ist nur ein Mittel, um Bedürfnisse außer ihr zu befriedigen«. (Pariser Manuskripte 1844, S. 55)

diesem Maße als strukturbildendes Moment erst Produkt der bürgerlichen Gesellschaft. Die Teilung der Arbeit in die gesellschaftlich durch Tausch vermittelte Arbeit des Mannes, die seine Emanzipation von der feudalen Hörigkeit notwendig machte, und die aufs Haus beschränkte Arbeit der Frau, die sie in die persönliche Abhängigkeit vom Manne entläßt, bringt die spezifische gesellschaftliche Isolierung der Frau und ihre Subsumtion unter ihren Mann erst hervor. Dieser Prozeß ist aber keineswegs mit dem Beginn der Industrialisierung abgeschlossen. Im Gegenteil: Die Forderungen nach Verbot und Einschränkung der Erwerbstätigkeit der Frau (zumal von gewerkschaftlicher Seite) und damit ihre Beschränkung auf ein Dasein als Gattin, Hausfrau und Mutter oder, wenn sie keinen Ehemann gefunden hatte, auch als Hure im vorigen Jahrhundert[1], sind zu bekannt, um Engels entgangen sein zu können. Marx hat sie jedenfalls in der »Kritik des Gothaer Programms« zurückgewiesen, insoweit sie als unspezifische Beschränkung der Frauen- und Verbot der Kinderarbeit im Gothaer Programm auftauchen (Marx/Engels, Geschichte und Politik, S. 189). Sie setzen sich in der Wirtschaftskrise der zwanziger Jahre fort (vgl. z. B. Agnes Karbe, Die Frauenlohnfrage und ihre Entwicklung in der Kriegs- und Nachkriegszeit, S. 4) und finden heute unter dem Mantel der Diskreditierung des Doppelverdienertums eine verdeckte Erneuerung.

Überhaupt ist der Anteil der Frauen an den Erwerbstätigen in vielen kapitalistischen Ländern relativ konstant geblieben, ja hat in einigen Staaten wie z. B. in Frankreich und Italien abgenommen. In Frankreich, schreibt E. Sullerot, waren »in den sechziger Jahren zwei Millionen Frauen weniger unter der arbeitenden Bevölkerung (...) als 1920, obwohl die Bevölkerung seit damals um etliche Millionen angewachsen ist, also eine Verminderung der absoluten Zahl und noch mehr der Prozente der berufstätigen Frauen« (Die emanzipierte Sklavin, Geschichte und Soziologie der Frauenarbeit, S. 11). Ein ähnliches Absinken des Anteils der Frauen an der durch Tauschverhältnisse vermittelten Arbeit teilt Sullerot aus Italien mit: Gegenüber dem Beginn des Jahrhunderts waren in den sechziger Jahren in der Landwirtschaft über zwei Millionen und in der Industrie über 200000 Frauen weniger beschäftigt (S. 172 ff.). Einen Rückgang des Anteils der Frauen weiß sie ebenfalls aus Belgien und der Schweiz zu

1 Dies hat z. B. J. Michelet in seinem Buch La Femme (Paris 1860, dt. Übers. 1860) im zweiten Kapitel über die Arbeiterin hinreichend beschrieben.

berichten. Auch wenn man statistische Fehler und die Wirkung der staatlichen Familienpolitik berücksichtigt, die z. B. in Frankreich Familien mit nur einem Verdiener begünstigt, zeigt dies, daß die große Industrie nicht notwendigerweise die Erwerbsarbeit der Frau und damit ihre durch gesellschaftliche Arbeitsverhältnisse vermittelte Emanzipation aus der persönlichen Abhängigkeit von ihrem Mann in die sachliche von ihrem Arbeitgeber fördert, vielmehr scheinen die Frauen, abgesehen von einem nicht zu unterschätzenden Anteil, doch kaum mehr als eine industrielle Reservearmee darzustellen.

Selbst im vorigen Jahrhundert kann man bei aller Vorsicht kaum von einer ständigen Zunahme des Anteils der Arbeiterinnen sprechen. J. Kuczynski schreibt über Deutschland: »Im Gegenteil, der Anteil der Arbeiterinnen in der Industrie war um 1900 geringer als 1850, sowie er 1850 niedriger war als 1820 oder 1830. Trotz enormer Zunahme der absoluten Zahl der Industriearbeiterinnen hat ihr Gewicht innerhalb der Industrie – wenn wir unter Industrie Fabrikindustrie bzw. diese und Bergbau verstehen – ständig abgenommen bzw. seit 1870 etwa stagniert« (Studien zur Geschichte der Lage der Arbeiterinnen in Deutschland von 1700 bis zur Gegenwart, S. 112). Nur während des Ersten Weltkrieges war der Anteil der Arbeiterinnen in der Industrie etwa genauso hoch wie der der Arbeiter, ein Zustand, »den man 100 Jahre zuvor beobachten konnte – mit dem großen Unterschied, daß damals die Fabrikindustrie nur aus Textilbetrieben bestand...« (S. 192).

Engels' Erwartung, daß die Entwicklung der Industrie und die Verwandlung von allen persönlichen Verhältnissen in Tauschverhältnisse immer mehr Frauen in durch Tausch vermittelte Arbeitsverhältnisse bringe und damit die aus persönlichen Abhängigkeitsverhältnissen resultierenden Konflikte und Unterdrückung sich quasi von selbst lösten[1], hat offensichtlich keine zureichende Grundlage. Vielmehr scheint die industrielle Produktionsweise in der bürgerlichen Gesellschaft den Konflikt zwischen den Geschlechtern zuzuspitzen, indem sie die Männer (und in geringerem Maß einen meist schlechter bezahlten Teil der Frauen) in die sachliche Abhängigkeit emanzipiert

1 Man vergleiche dazu seine Ausführungen über die proletarische Ehe, in der »auch jeder Antrieb« fehle, »die Männerherrschaft geltend zu machen« (S. 73), und seine Bemerkungen zum Verschwinden der Monogamie (S. 77 und S. 82 f.).

hat, den größeren Teil der Frauen – in gewisser Hinsicht alle – in persönlicher Abhängigkeit beläßt, diese zugleich durch die Privatisierung und Beschränkung dieser Frauen auf ein Leben als Gattin, Hausfrau und Mutter verschärft. Der historisch-gesellschaftliche Prozeß, der für die Männer die Emanzipation aus der persönlichen Abhängigkeit des Feudalismus brachte, brachte den Frauen eine andere Form der persönlichen Abhängigkeit mit dem Unterschied gegenüber dem Feudalismus, daß dort für den weitaus größten Teil der Menschen ihre soziale Beziehungen durch persönliche Abhängigkeitsverhältnisse gekennzeichnet waren, in der bürgerlichen Gesellschaft tendenziell alle sozialen Beziehungen in Vertrags- und Tauschverhältnisse verwandelt sind bis auf die eine zwischen Mann und Frau und den Kindern. Engels hat dies in einer Hinsicht auch gesehen, wenn er nämlich nicht nur die Wiedereinführung des ganzen weiblichen Geschlechts in die Industrie als Bedingung seiner Befreiung fordert, sondern zugleich ebenso großes Gewicht darauf legt, daß die Privathaushaltung, in welcher die Frau, unter dem Mantel von Liebe und Ehe persönliche Dienstbotin ihres Mannes, von der Teilnahme an der gesellschaftlichen Produktion verdrängt ist, in eine öffentliche gesellschaftliche Industrie verwandelt wird. Er sitzt jedoch, insoweit ihm die Hausarbeit als unproduktiv erscheint (S. 158), den gesellschaftlichen Verhältnissen auf, die alles über den Markt bewerten und Arbeit, die nicht auf dem Markt erscheint, nicht frei austauschbar ist, keinen Wert zubilligen. Gesellschaftlich objektiv vermittelt heißt in der bürgerlichen Gesellschaft, über den Markt und Tausch vermittelt zu sein; alles andere wird unversehens zur natürlichen Voraussetzung des Marktes bzw. zur Natur. Die Arbeit der Frau, soweit sie diese nicht zu Markte trägt, wird unter den Arbeiter als dessen Reproduktionskosten individuell wie als Klasse subsumiert (man vergleiche dazu Marx' Ausführungen über den Wert der Ware Arbeitskraft, z. B. Kapital I, S. 179 f. oder 414).

Hierin sehe ich die gesellschaftlichen Voraussetzungen für den genannten Mangel in der Engelschen Theorie; denn persönliche Beziehungen, soweit sie selbst nicht unmittelbar auf dem Markt erscheinen, sind mit den Kategorien der politischen Ökonomie nicht zureichend analysierbar, sondern nur in einem übertragenen Sinne. Dies gilt insbesondere für das von allen Menschen in der Kindheit erfahrene Verhältnis zur Mutter oder seltener anderen primären Bezugspersonen; an dieses – gemessen an der gesellschaftlichen Realität – noch nicht verdinglichte, sondern persönliche Verhältnis[1] knüpft sich deshalb der Mythos des Mutterrechts an: es heißt eben *Mutterrecht* und nicht *Frauenrecht*, und in diesem Namen bereits steckt die mythisierende Reduktion der Frau auf ein Dasein als Mutter in den Matriarchatstheorien; insoweit sagen diese Theorien selbst, daß ihr Interesse die Emanzipation der Frau nicht ist. Engels hat die »Schiefheit« dieses Ausdrucks gefühlt, aber sein Unbehagen sofort auf den zweiten Teil des Ausdrucks verschoben: auf das Recht, und bemängelt, daß auf dieser Gesellschaftsstufe von Recht im juristischen Sinne nicht die Rede sein könne. Als ob der Jurist Bachofen von Recht im juristischen Sinne geredet hätte, im Gegenteil hat er in seiner Interpretation der Orestie den mit dem Fall des Mutterrechts angenommenen Übergang des Rechts als meist den Betroffenen überlassene Rache zum Recht als von gesellschaftlichen Institutionen garantierten dargetan.

Die Übertragung der politisch-ökonomischen Kategorien auf persönliche Verhältnisse vernachlässigt die wesentliche Differenz zwischen den durch Tausch vermittelten gesellschaftlichen Verhältnissen und persönlichen Beziehungen. Die Konflikte zwischen den Geschlechtern müssen mithin draußen bleiben, und dies findet bei Engels in seiner Konstruktion der Vorgeschichte und des Mutterrechts eine Rechtfertigung, auch wenn Engels einräumt und sogar betont, daß der »erste Klassengegensatz, der in der Geschichte auftritt, zusammenfällt mit der Entwicklung des Antagonismus von

1 Dies galt sicherlich noch vollständig für die Erfinder des Mutterrechts, trifft aber auch heute noch weitgehend zu, trotz der immer ausgeklügelteren Versuche, durch speziell für die frühe Kindheit hergestellte Waren den Verwertungsprozeß sogar in das Mutter-Kind-Verhältnis einzuführen, doch auch dies bedeutet noch nicht zwingend, daß das Mutter-Kind-Verhältnis zu einem Warenverhältnis wird. Es darf dabei allerdings nicht übersehen werden, daß die gesellschaftlichen Tauschverhältnisse und das Leistungsprinzip sich auf einem indirekten Weg in den Formen der Erziehung und damit auch im Mutter-Kind-Verhältnis durchsetzen können, indem die gesellschaftlichen Verhältnisse die für ihr Funktionieren erforderlichen Charakterstrukturen und damit eine bestimmte Form der Erziehung erzeugen, so daß zumindest nicht auszuschließen ist, daß auf diesem Wege eine Zerstörung der psychischen Anhaltspunkte für ein Mutterrecht eintreten kann. Es ist deswegen hoffnungslos, das Mutter-Kind-Verhältnis als »anthropologische Konstante« aufzufassen und auf es als eine gegen das Verwertungsprinzip einsprechenden Substanz zu vertrauen. Dies ist signalisiert in der Rezeption des Mutterrechts, die im vorigen Jahrhundert in ihm eine *Einspruchsfigur* sah, jetzt aber in ihm den *Ursprung* sucht.

Mann und Frau in der Einzelehe, und die erste Klassenunterdrückung mit der des weiblichen Geschlechts durch das Männliche« (S. 68). Der Geschlechterkonflikt irritiert den Klassenkampf, deshalb werden die Ansprüche der Frau, soweit sie nicht als Arbeiterin an diesem teilhat, in die Vorgeschichte oder in die Nachgeschichte verwiesen. Eine gewisse Berechtigung scheint dieser Ausschluß des Geschlechterkampfes darin zu haben, daß die Arbeiter objektiv durch das Kapital, d. h. genauer: durch den Arbeitsprozeß organisiert sind und damit zugleich zum gesellschaftlich organisierten Widerspruch, zur Negation der bestehenden Verhältnisse werden, die Frauen aber als Gattinnen, Hausfrauen und Mütter werden durch ihren Arbeitsprozeß vereinzelt. Die politisch-ökonomische Theorie kann deshalb mit diesem Konflikt politisch nichts anfangen.

Auch Engels Mutterrechtstheorie dient zunächst wenigstens nicht der Befreiung der Frau und ist auch unbegründet, da die von Engels angegebenen Kriterien des Mutterrechts einer Nachprüfung nicht standhalten. Engels Mutterrechtstheorie steht an der Stelle, an der die politische und theoretische Durchdringung des Geschlechterkonfliktes stehen müßte.

Nachbemerkung:
Schlicht Unfug ist es, der nur zur Verwirrung der wesentlichen Probleme der Unterdrückung und Befreiung der Frau, aber auch des Mannes sowie der Diskussion darüber beiträgt, Engels wie Marx zu unterstellen, daß sie »die Möglichkeiten einer klassenlosen Gesellschaft der Zukunft erst dadurch glaubhaft machen konnten, daß sie alles verfügbare Material über die klassenlosen Gesellschaften der Vergangenheit zusammentrugen« (Borneman, S. 19). Weder Engels noch Marx haben eine solche letztlich mystische Kreislauftheorie der Geschichte; die Möglichkeit der Befreiung ist bei beiden als Resultat politisch-ökonomischer Prozesse gesehen und nicht als Wiederkehr der Vergangenheit.

Exkurs II: Die Nayar von Malabar in Südindien

Ich habe die Auffassung vertreten, daß weder das von Bachofen, Engels und anderen angeführte mythologische, prähistorische oder auch ethnologische Material noch ihre Theorien den Nachweis eines politischen Mutterrechts, einer politischen Gynäkokratie oder politischen Herrschaft der Frau oder nur ihrer Dominanz in einer Gesellschaft, vergleichbar patriarchalen Verhältnissen, erbringen; vielmehr versuchte ich zu zeigen, daß die Matriarchatstheorien, die ja alle zuerst von Männern aufgestellt wurden, männliche Projektionsbildungen mit je verschiedenem Zweck darstellen. Um Mißverständnissen vorzubeugen, möchte ich gleich betonen, daß es selbstverständlich andere gesellschaftliche Verhältnisse der Geschlechter gegeben hat, als wir sie aus unserer Gesellschaft und Tradition kennen. Das Verhältnis der Geschlechter ist keineswegs ein für allemal festgelegt, sondern gesellschaftlich und historisch produziert, und ich hoffe, durch meine Untersuchung zur Aufklärung dieses Verhältnisses, zur Befreiung der Frau, aber auch des Mannes, dessen Unfreiheit mit der der Frau zugleich gesetzt ist, und damit zur Veränderung erstarrter Geschlechtsverhältnisse beizutragen.

Was es mit den mythologischen Quellen matriarchaler Zustände auf sich hat, haben wir im Kapitel über Bachofen dargetan. Wie aber steht es mit den ethnologischen Berichten von Mutterrechten bei fremden und primitiven Völkern?

In der Völkerkunde, deren Vertreter heute wieder überwiegend die Existenz eines Mutterrechts leugnen, werden von den Befürwortern im wesentlichen folgende, bereits größtenteils von Bachofen schon vorgetragene, gesellschaftliche Verhältnisse als Indiz matriarchaler Strukturen angeführt: 1. Matrilinearität, d. h.: die Bestimmung der Verwandtschaft durch die Mutter, unter Zurücksetzung oder auch völliger Vernachlässigung der väterlichen Verwandtschaft, damit einhergehend die Bestimmung des gesellschaftlichen Standes bzw. Status eines Kindes nach der Mutter und nicht nach dem Vater; 2. Mütterliche Erbfolge, d. h.: Eigentum und Rechte, aber auch anderes, soweit es beim Tode eines Menschen nach Regeln weitergegeben wird, wird ausschließlich von der Mutter und nicht vom Vater geerbt; 3. Matrilokalität, d. h.: die Bestimmung der Residenz eines Ehepaares nach der Frau, praktisch fast ausschließlich nach der Mutter der Frau, da Matrilokalität meist zugleich mit Matrilinearität verbunden ist;

4. Stellung und Bedeutung der Frau im Produktionsprozeß; 5. Beteiligung der Frau an den Entscheidungen über allgemeine und individuelle Angelegenheiten, soweit sie durch gesellschaftliche und familiäre Entscheidungsstrukturen geregelt sind, und 6. sexuelle Selbstbestimmung der Frau.

Es fällt sofort auf, daß die ersten drei Bestimmungen des Matriarchats nur in durch Verwandtschaftsverhältnisse und nicht durch Tausch- und Vertragsverhältnisse und das Leistungsprinzip regulierten Gesellschaften von wesentlicher Bedeutung sind, jedoch wollen wir die Bestimmungen nicht abstrakt zum Gegenstand machen, sondern anhand einer häufig als Matriarchat ausgegebenen Gesellschaft zeigen, daß selbst bei Erfüllung der Mehrheit dieser Bestimmungen kein politisches Mutterrecht und keine politische Herrschaft der Frau vorliegen.

Die Nayar von Malabar in Südindien werden immer wieder als ein Beispiel angeführt, auf welches fast alle der angeführten Kriterien zutreffen, schon Bachofen zitiert sie (II, S. 500 f.) als Beleg für Mutterrecht (vgl. z. B. auch Sir Galahad, Mütter und Amazonen. Ein Umriß weiblicher Reiche, S. 90 ff., oder Evelyn Reed, Woman's Evolution, from matriarchal clan to patriarchal family, z. B. S. 327 f., 369, 382 ff.). Tatsächlich finden wir[1] bzw. konnte man bis zur Errichtung der britischen Herrschaft in Malabar 1792, also vor mehr als 150 Jahren, bei den Nayar matrilineare Verhältnisse nachweisen. Der Name und der gesellschaftliche Status eines Kindes richteten sich ausschließlich nach der Mutter, der Vater war gesellschaftlich so gut wie nicht anerkannt. Auch hatte er gegenüber seinen Kindern und ihrer Mutter keinerlei Unterhaltsverpflichtungen, ebensowenig wie diese ihm gegenüber. Durch die Geburt wurde man Mitglied einer Eigentumsgruppe (Taravad), und folglich erbte jeder nur von der Mutter, legalerweise nicht vom Vater. Die Nayar kennen eine Form der Ehe, die als Besuchsehe (Sambandham) bezeichnet wird. Mann und Frau wohnen in dem Haus ihrer Familie, und der Mann besucht

1 Die Belege für die folgenden Ausführungen finden sich bei Kathleen Gough: Nayar, Central Kerale, in D. Schneider und K. Gough: Matrilineal Kinship (1962), Berkeley – London 1974, S. 298–442, dies.: Female Initiation Rites on the Malabar Coast, J. R. A. I., Bd. 85, 1955, S. 45–80; Klaus Hesse, Landbesitzformen und Sozialorganisation der Nayar im traditionellen Malabar (Zentralkerale), Manuskr. 1976, und C. J. Fuller: The Nayars Today, 1976. – Alle drei Arbeiten enthalten ausführliche Literaturangaben.

über Nacht seine Frau, verläßt ihr Haus morgens, in der Regel ohne etwas gegessen zu haben. Frauen wie Männer können mehrere solcher Verhältnisse unter Berücksichtigung einiger Vorschriften eingehen, und diese sind jederzeit von beiden Seiten leicht lösbar; man hat ihnen deshalb bisweilen die Bezeichnung Ehe abgesprochen. Die Mitglieder einer Verwandtschaftsgruppe (Taravad), die sich in weiblicher Linie real oder ideel alle von einer gemeinsamen Urmutter herleiten, besaßen gemeinsam Grundbesitz und Haus, in welchem der obere Stock den Frauen und kleinen Kindern und ihren Ehemännern und die untere Etage den Männern vorbehalten war. Das Gemeinschaftseigentum war bis zum Beginn der britischen Herrschaft und auch noch lange danach nicht auf die Individuen aufteilbar; geteilt werden konnte nur, wenn eine Verwandtschaftsgruppe zu groß geworden war oder es sonst angezeigt war, z. B. in zwei sich jeweils auf eine von zwei Schwestern herleitende Teile; jedes Familienmitglied aber hatte Anspruch auf Versorgung. Es ist insoweit fraglich, ob es sinnvoll ist, von Eigentum zu sprechen. Verwaltet wurde das Gemeinschaftseigentum vom ältesten geschäftsfähigen Mann, dem Karnavan, der auch die Eigentumsgruppe nach außen, in der Dorfgemeinschaft und in der Kastenversammlung, vertrat: Niemals stand eine Frau einem Taravad vor, wenngleich der Karnavan gehalten ist, die Ratschläge der ältesten Frau, meist seiner Mutter, und die Interessen der Verwandtschaftsgruppe zu berücksichtigen. Der Karnavan wickelte alle Geschäfte des Taravad ab, und es wird häufig von offenem und latentem Mißtrauen der Mitglieder berichtet, die ihn verdächtigen, den Familienbesitz zu verschwenden oder sogar seiner Frau und seinen Kindern zukommen zu lassen. Der Karnavan ist in seinen Entscheidungen weitgehend frei. Dies sehen wir als den ersten Hinweis an, daß es sich bei den Nayar nicht um eine matriarchale Gesellschaft handelt. Die Frauen sind an seinen Entscheidungen nicht beteiligt, auch haben sie im Gegensatz zu den Männern keine legale Möglichkeit, gegen ihn vorzugehen.

Überhaupt bilden die Nayar keine eigene Gesellschaft mit allen sozialen Schichten oder einen Stamm innerhalb eines vornehmlich oder ausschließlich von ihnen bewohnten Territoriums, sondern sind eine Kaste, genauer bilden mehrere Kasten in durch Könige oder Fürsten beherrschten Staaten. In Zentralkerale gab es vor der britischen Herrschaft mehrere solcher, häufig miteinander Krieg führender Staaten. Zu den Nayar werden aristokratische Kasten und Gefolgsleutekasten gezählt; sie waren die Kriegerkasten, die im wesentlichen die Soldaten dieser Staaten stellten, insgesamt aber nur einen Bruchteil der Bevölkerung ausmachten. Rituell höher war die noch kleinere, streng patriarchal organisierte Brahmanenkaste, in welcher jeweils nur der älteste Sohn eine legale Ehe eingehen und legale Erben haben konnte und infolgedessen der Familienbesitz ebenfalls nicht geteilt werden konnte. Rituell unter den Nayar rangieren die matrilinearen Kasten der Tiyyar und unter diesen patriarchal organisierte Kasten, die den Hauptteil der Bevölkerung darstellten. Ich will und kann hier nicht das indische Kastensystem darstellen. Worauf es in unserem Zusammenhang nur ankommt, ist, deutlich zu machen, daß die Nayar eine besondere Schicht in einer überwiegend patriarchal organisierten Gesellschaft sind, welche bis zur britischen Herrschaft 1792 im wesentlichen die Soldaten für die ständigen Kriege sowie weitgehend die Könige und Fürsten stellte und fast alle politischen Ämter in diesen Staaten innehatte. Als Kriegerkaste haben sie in der Regel das Land nicht selber bebaut, sondern die Bebauung durch die unteren Kasten oder eine Art Hörige, wohl in seltenen Fällen auch durch Leute mit Quasi-Sklavenstatus organisiert.

Den Frauen war unter der Aufsicht der ältesten die Küche und die Aufzucht der Kinder übertragen, der Knaben aber nur, bis sie im Alter von sieben oder acht Jahren mit der militärischen Ausbildung und der Unterweisung in den Tätigkeiten des Karnavans begannen. Als waffenfähige Männer waren sie den größten Teil des Jahres bei ihren militärischen Einheiten und nur während der Regenzeit in ihrer Familie. Die Mädchen wurden vor Eintritt der ersten Menstruation dem Taliritus unterzogen, durch welchen sie gesellschaftlich als erwachsene Frau anerkannt wurden. Ein einer höheren oder gleichen Kaste angehörender Mann band in diesem Ritus dem Mädchen das Tali, ein goldenes oder silbernes Schmuckstück – sonst in Südindien das Symbol einer verheirateten Frau – um und kohabitierte wohl auch – hier gehen die Berichte auseinander – mit dem Mädchen, wenn es alt genug war. Dieser Mann hatte nach Abschluß des noch aus weiteren Elementen bestehenden Ritus keine besonderen Rechte und Pflichten gegenüber der Frau; die Frau aber und ihre Kinder, gleichgültig von welchem Vater, mußten bei dessen Tode die sonst nur beim Tode eines Familienmitgliedes vorgeschriebenen Reinigungsvorschriften beachten. Beim Tode ihrer späteren Ehemänner brauchte sie diese nicht einhalten. Nach dem Bericht von Kathleen Gough und C. J. Fuller war dieser Ritus schon lange vor ihrer Feldforschungszeit (1947–49 und 1971–72) nicht mehr ausgeführt worden, da die Nayar in den letzten hundert Jahren weitgehend zur Monogamie übergegangen waren und der Ritus somit funktionslos geworden war. Nach dem Umbinden des Tali konnte die Frau Ehebeziehungen (Sambandham) mit Männern ihrer oder einer höheren Kaste, auch mehrere gleichzeitig, eingehen. Die Ehemänner waren nicht zum Unterhalt ihrer Frauen und deren Kinder verpflichtet, sie mußten bei den drei großen Festen gewisse Geschenke ihren Frauen bringen und konnten auch sonst größere oder kleinere Geschenke, meist ohne ökonomischen, aber mit ideellem Wert, wie die Ethnologen mitteilen, überreichen. Die Ehemänner hatten nur eine einzige Pflicht: wenn eine Frau ein Kind bekam, mußte mindestens einer von ihnen die Vaterschaft anerkennen. Tat dies keiner, wurde angenommen, daß die Frau illegalen, d. h. inzestuösen oder mit einem Mann niedrigerer Kaste Geschlechtsverkehr gehabt hatte. In diesem Fall wurde sie und ihr Kind entweder getötet oder in die Sklaverei verkauft. Die Sambandhambeziehungen konnten sowohl von der Frau wie von dem Mann ohne Umstände gelöst werden; die Frau allerdings war gehalten, einen ihrem Karnavan unliebsamen Mann nicht weiter zu empfangen. Überhaupt unterstanden alle Frauen eines Haushaltes der Autorität der Männer, vertreten durch den Karnavan (die Männer, soweit sie nicht im Felde waren, in begrenztem Maße ebenfalls). Legal galten sie alle als minderjährig, sie hatten keinen Sitz in der Kastenversammlung und konnten nicht als Zeugen in Gerichtsverfahren auftreten (Gough, S. 355). Auch wird von keiner Königin oder Fürstin oder sonst einer Frau berichtet, die ein politisches Amt innegehabt hätte. Von einem politischen Matriarchat oder Frauenherrschaft oder weiblichem Reich kann ganz und gar nicht gesprochen werden. Das Bild einer matriarchalen Gesellschaft der Nayar entsteht bei den verschiedensten Autoren, indem sie einzelne Elemente, wie etwa die relativ große sexuelle Selbstbestimmung der Frauen, aus dem gesellschaftlichen Zusammenhang lösen und für sich, isoliert, darstellen.

Es bleibt aber die Frage, welche Bedeutung den matrilinearen und matrilokalen Strukturen wie dem mütterlichen Erbrecht zukommt. Ich kann hier nur eine funktionale Erklärung dieser Verhältnisse geben, denn die diese ergänzende und notwendige genetische oder historische Erklärung ist mir in dem hier gegebenen Rahmen aufgrund der Quellenlage und des Forschungsstandes nicht möglich. Die matrilinearen Strukturen stellen in funktionaler Hinsicht eine Regulierung von bestimmten Konflikten dar. In einer nicht durch Tausch- und Vertragsbeziehungen geregelten Gesellschaft wird und muß, wenn nicht die Gesellschaft bei jedem Generationswechsel zerstörerischen

Konflikten sich aussetzen will, die Zugehörigkeit eines Menschen, z. B. bei den Nayar, zu einer bestimmten Kaste, geregelt werden; ob dies nach dem Vater, der Mutter oder nach einem anderen Prinzip geschieht, ist für das Geschlechtsverhältnis zunächst gleichgültig, wenngleich die matrilineare Regelung meist auf eine andere gesellschaftliche Stellung der Frau hinweist als bei patrilinear geregelten Verhältnissen. Ebenso muß geregelt werden, was mit seinem Besitz, seinen Ämtern, Rechten und Privilegien oder auch Verpflichtungen geschieht. Eine Regelung erspart einer Gesellschaft destruktive Auseinandersetzungen, zumal wenn mit dem Status und den Ämtern Privilegien wie bei den Nayar die Freistellung von körperlicher Arbeit, d. h. Landarbeit, verbunden sind. Wiederum ist es in funktioneller Hinsicht relativ gleichgültig, ob diese Regelung über den Vater, die Mutter oder anders erfolgt. Die Nachfolge muß geregelt werden. Die jeweils bestimmte Form der Regulierung ist Resultat der Geschichte eines Volkes und spiegelt insoweit die zu Regeln erstarrten Erfahrungen dieser Gesellschaft und ihrer Verhältnisse wieder. Ändern sich diese Verhältnisse, wie bei den Nayar nach der Übernahme der Herrschaft durch die Briten, die als erstes die militärische Organisation der unterworfenen Staaten auflösten und damit zugleich eine der sozialen Voraussetzungen der Organisation dieser Kasten beseitigten[1], so findet dies auch seine Auswirkung in den übrigen sozialen Verhältnissen, selbst in einer so durch das Kastensystem festgelegt erscheinenden Gesellschaft wie der indischen, so daß wir heute bei den Nayar fast ausschließlich die Monogamie antreffen. Die besondere Form der Besuchsehe wurde von europäischen Beobachtern der Nayar immer mit den militärischen Aufgaben dieser Kaste und der militärischen Organisation dieser Staaten in Zusammenhang gebracht. So lautet es in einem der ersten Berichte über dies matrilineare polyandrische Heiratssystem der Nayar, von dem Portugiesen Barbosa um 1518 geschrieben: »the kings of the Nayars instituted it in order that the Nayres should not be hold back from their service by the burden und labor of rearing children« (zitiert nach Fuller, S. 5). Und Montesquieu – sich auf den Jesuitenpater Fr. Pyrard de Laval

1 Eine weitere wesentliche Voraussetzung der Auflösung der traditionellen sozialen Struktur der Nayar war die sukzessive Änderung des Besitzrechtes, durch welches Grundbesitz zu Eigentum im europäischen Sinne wurde und wodurch schließlich die legale Möglichkeit gegeben wurde, Gemeinschaftseigentum individuell zu teilen.

berufend – schreibt im »Geist der Gesetze«: »Ich glaube man kann den Ursprung dieses Brauches (sc. Polyandrie) ausfindig machen. Die Nairen sind die Kaste des Adels, die bei allen diesen Völkern die Soldaten stellt. In Europa hindert man die Soldaten, sich zu verheiraten; in Malabar, wo das Klima mehr verlangt, hat man sich damit begnügt, ihnen die Ehe sowenig belastend wie möglich zu machen. So hat man mehreren Männern nur eine Frau gegeben, was das Familiengefühl und die Haushaltssorgen vermindert und den militärischen Geist der Leute nicht berührt« (Vom Geist der Gesetze, Bd. I, S. 356). Die geschichtliche Entwicklung hat diese bereits 1748, also fast ein halbes Jahrhundert vor dem Beginn des Zerfalls dieser Organisation vorgetragene Auffassung, sofern wir sie als funktionale und nicht genetische ansehen, insoweit bestätigt, als nach der Auflösung der Militärverfassung dieser Staaten durch die britische Okkupation diese Form der Besuchsehe relativ rasch verschwunden ist.

III. Der Trieb ist männlich:

Mutterrecht und Geschlechterkampf in der Metapsychologie der Psychoanalyse bei Sigmund Freud und Sandor Ferenczi

In Freuds Konstruktion der Entstehung der sozialen Organisation, der Sittlichkeit und der Religion, mithin der Anfänge der menschlichen Kultur, kommt bekanntlich die Frau nicht als Subjekt, sondern nur als Kampfpreis der streitenden Männer: der mit dem Vater ringenden Söhne vor. Die Frau ist – anders als bei Bachofen und bei Engels – in Freuds Theorie der Entstehung der menschlichen Gesellschaft fast ausschließlich auf ein zuschauendes Objekt reduziert, das anscheinend keine eigenen Triebinteressen und Bedürfnisse zu vertreten hat; allenfalls ist für sie die Liebe zu ihrem jüngsten Sohn vorgesehen.

Nach der Freudschen Auffassung hätten in den Urzeiten die Menschen in Horden gelebt, eine jede bestehend aus mehreren Frauen und kleinen Kindern, die von einem Urvater beherrscht waren. »Alle weiblichen Wesen waren sein Eigentum, die Frauen und Töchter der eigenen Horde, wie vielleicht auch die aus anderen Horden geraubten. Das Schicksal der Söhne war ein hartes; wenn sie die Eifersucht des Vaters erregten, wurden sie erschlagen oder kastriert oder ausgetrieben« (XVI, S. 187). Eines Tages jedoch hätten sich die Söhne zusammengetan und den Urvater erschlagen und, wie Freud meint, »nach der Sitte jener Zeiten roh verzehrt« (XVI, S. 187). Nach der Vatertötung hätten die Brüder sich eine längere Zeit um das Erbe gestritten, das jeder für sich gewinnen wollte, und da keiner von ihnen die Rolle des Vaters mit Erfolg hätte einnehmen können, hätten sie schließlich – vielleicht nach Überwindung schwerer Zwischenfälle – das Inzestverbot aufgerichtet, mit welchem sie alle zugleich auf die von ihnen begehrten Frauen verzichteten, um derentwillen sie doch in erster Linie den Vater beseitigt hatten. »Sie retteten so die Organisation, welche sie stark gemacht hatte, und die auf homosexuellen Gefühlen und Betätigungen ruhen konnte, welche sich in der Zeit der Vertreibung bei ihnen eingestellt haben mochten.« Freud fährt zur außerordentlichen Überraschung des Lesers – denn die nun folgende Vermutung ist durch nichts vorbereitet – fort: »Vielleicht war es auch diese Situation, welche den Keim zu den von Bachofen erkannten Institutionen des Mutterrechts legte, bis dieses von der patriarchalischen Familienordnung abgelöst wurde« (IX, S. 174). Wo kommt hier plötzlich ein Mutterrecht her?

In allen drei von Freud gegebenen Darstellungen dieser Urgeschichte der menschlichen Gesellschaft folgt der Urhorde des Vaters eine durch »die Institutionen des Mutterrechts« (IX, S. 174), durch »die Vorrechte der Frauenherrschaft« (XIII, S. 152) oder durch die »Zeit des Matriarchats« (XVI, S. 188) gekennzeichnete Periode[1], in welcher ganz ähnlich den Bachofenschen Vorstellungen das Matriarchat mit »demokratischer Gleichstellung aller einzelnen Stammesgenossen« (IX, S. 179) und »sozialen Brudergefühlen« (S. 176) verbunden ist – hier also wenigstens zwei Ideale der Französischen Revolution; das dritte fehlt: Freiheit hätte sich in dieser Konstruktion nur auf sexuelle Freiheit beziehen können, und gerade diese wurde ja durch die neueingeführten Inzestregulierungen und die erste Form einer sozialen Organisation mit Triebverzicht (XVI, S. 188) abgeschafft und kann deshalb nicht Resultat des Prozesses sein, in dem ein Zivilisationsfortschritt gerade durch Einschränkung der Sexualität erkauft wird. Sie mag höchstens im Totemfest, einem gebotenen Exzeß, wie Freud schreibt, der »Entfesselung aller Triebe und Gestattung aller Befriedigungen« (IX, S. 170) periodisch aber kurz zugelassen sein. Demokratische Gleichstellung und soziale Bruderliebe sind nicht Gleichheit und Brüderlichkeit, und kein Anzeichen findet sich bei Freud, daß in diese auch die Frauen mit eingeschlossen seien. Freud vermutet, daß in dieser Zeit die Familie mit Mutterlinie eingerichtet worden sei. Was darüber hinaus Mutterrecht, Matriarchat oder gar Frauenherrschaft in der vaterlosen Zeit heißen soll, welches Verhält-

1 Freud trägt seinen »wissenschaftlichen Mythos« vom Ursprung der sozialen Ordnung der Sittengesetze und Religion zuerst in »Totem und Tabu« (1912/13) ausführlich vor; eine sehr kurze Zusammenfassung findet sich in den Nachträgen zur »Massenpsychologie und Ich-Analyse« (1921) und eine weitere, eigentlich zwei, im »Mann Moses und die monotheistische Religion« (1939). Alle drei Fassungen unterscheiden sich in bezug auf die Stellung und Behandlung der Frau kaum, lediglich in der letzten hebt Freud die Stellung des jüngsten Sohnes hervor, der durch »die Liebe der Mütter geschützt« (XVI, S. 187) aus dem Altern des Vaters seinen Vorteil hätte ziehen können. Wie es allerdings in einer solchen Horde überhaupt einen jüngsten Sohn geben kann, bleibt unerfindlich. – Ich habe an anderer Stelle dargetan, daß die Freudsche Konstruktion nicht leistet, was sie verspricht, denn am Ende des Urhordenkampfes ist nicht eine – vielleicht noch sehr primitive – Stammesorganisation entstanden, sondern lediglich eine Gruppe von Männern und eine von Frauen, die sich zueinander exogam verhalten (vgl. H. Z., Mythos und Arbeit, S. 138).

nis der Geschlechter bestanden und vor allem was Herrschaft der Frauen oder die durch die Beseitigung des Vaters auf die Frauen übergegangene »Machtvollkommenheit« (XVI, S. 188) bedeuten soll, bleibt unklar. Die Frage, warum nach Beseitigung des Vaters Herrschaft und Macht gerade auf die Frauen übergegangen sei, ist nicht einmal gestellt, der Übergang von Herrschaft und Macht auf die Frauen durch nichts vorbereitet; dieser erscheint willkürlich und unbegründet innerhalb der Freudschen Konstruktion. Etwas lapidar und märchenhaft und dadurch auf etwas Verdrängtes hinweisend, lautet es in der letzten Fassung: »Es kam die Zeit des Matriarchats« (XVI, S. 188). Wir erfahren lediglich noch, daß nach der Wiederherstellung der »patriarchalischen Ordnung« mit einem »Manne als Oberhaupt einer Familie« (XIII, S. 152) die Muttergottheiten zur »Entschädigung der zurückgesetzten Mütter« (XVI, S. 189) eingesetzt und vom Manne anerkannt wurden. Die Muttergottheiten wären nach dieser Überlegung zugleich die ersten persönlichen und anthropomorphen Gottheiten, denn der diesen vorhergehende Totem ist unpersönlich und meist tierisch (vgl. auch XIII, S. 153). Die Ersatzbildungen und Wiedergutmachungen in der Freudschen Theorie von den Anfängen der menschlichen Kultur lassen die Frauen eine immer stärkere und wichtigere Position einnehmen, denn eine so wesentliche »Entschädigung« wie die Erhöhung zur Gottheit und zugleich die Einrichtung der persönlichen Gottesvorstellung überhaupt zeigt die Bedeutung dessen an, was in dieser Theorie entschädigt werden muß bzw. verdrängt worden ist.

In »Totem und Tabu« hatte Freud noch geschrieben, daß er die »Stelle für die großen Muttergottheiten« in dieser Entwicklung nicht anzugeben wisse (IX, S. 180). Dies war offener und korrekter, denn die Freudsche Konstruktion der ersten menschlichen Geschichte ist als Kampf der Männer um die Frauen gedacht – die Herrschaft mag zwischen Vater und Söhnen hin und her gehen; ein Mutterrecht ist dieser Konstruktion fremd. Dies setzt in irgendeiner Weise voraus, daß die Frauen selbst Subjekt in dieser Geschichte werden oder einmal waren. Die Mitteilung Freuds, daß er die »Stelle für die großen Muttergottheiten« nicht anzugeben wisse, bezieht sich mithin nicht nur auf die Gottheiten, sondern eigentlich auf die Frauen selbst: Freud weiß ihre Stellung in der menschlichen Geschichte, sofern sie Subjekt sind, nicht anzugeben. Bachofens Konstruktion ist in dieser Hinsicht ganz anders: Dort ist Geschichte als Kampf der Geschlechter aufgefaßt, und insoweit die Göttervorstellungen die menschliche Wirklichkeit spiegeln, haben unter diesen mächtigen Muttergottheiten eine notwendige und ausgewiesene Stellung.

Freud weiß natürlich, daß der Übergang zum Mutterrecht wie die Wiederherstellung der patriarchalischen Ordnung »große soziale Umwälzungen« darstellen, nach deren Spuren und Wiederkehr in Sagen und Märchen und – für den Psychoanalytiker wichtiger – z. B. im infantilen Seelenleben wir fragen müssen. Allein die Psychoanalyse hat bislang keine seelische Instanz vergleichbar dem Überich als Nachfolger des Ödipuskomplexes bzw. des Urhordenkampfes und keinen psychischen Mechanismus als Folge bzw. Niederschlag dieser Umwälzungen vom Mutterrecht zum Vaterrecht aufgezeigt.[1] Es ist aber kaum anzunehmen, daß eine so einschneidende Veränderung wie der Sturz des Mutterrechts nicht irgendeine Spur in der durch die Familie vermittelten, gesellschaftlichen Konstituierung der Psyche hinterlassen hätte. Bei Freud lesen wir nur noch, was vor ihm schon Bachofen vorgetragen hatte, daß die Wendung von der Mutter zum Vater überdies einen »Sieg der Geistigkeit über die Sinnlichkeit« bezeichnet, »denn die Mutterschaft ist durch das Zeugnis der Sinne erwiesen, während die Vaterschaft eine Annahme ist, auf einen Schluß und auf eine Voraussetzung aufgebaut« (XVI, S. 121)[2]. Hier, an dieser Stelle, die nicht in unmittelbarem Zusammenhang mit der Urgeschichte steht, faßt Freud den Umsturz der matriarchalischen Gesellschaftsordnung auch als Revolution auf. Fragt man aber bei

1 Lediglich Beata Rank, Zur Rolle der Frau in der Entwicklung der menschlichen Gesellschaft, Imago, Bd. 10, 1924, S. 282, vermutet so etwas wie ein »Es-Ideal«. welches der Ich-Idealbildung vorhergeht und an der Mutter bzw. »Ur-Mutter« orientiert ist. Dies hängt mit einer nie »stillbaren Muttersehnsucht im Unbewußten« zusammen und lege den Grundstein zur Verdrängung. Ihre Vermutungen hat sie nie ausführen können, und vor allem hat sie diese leider nicht klinisch an Fallbeispielen darstellen können – in der Psychoanalyse zählen aber letztlich nur auf Grund von Psychoanalysen gemachte Erfahrungen und Aufstellungen und nicht Konstruktionen über die Urgeschichte, auch wenn solche Hinweise und Material für notwendige Untersuchungen geben können. Vor allem aber, und dies ist selbst wieder ein Indiz, sind ihre Überlegungen in der psychoanalytischen Diskussion – soweit mir bekannt – ephemer und unbeachtet geblieben. In dem angeführten Aufsatz versucht sie, ein Matriarchat in die Freudsche Konstruktion einzuführen, jedoch gelingt ihr dies ebensowenig wie Freud selbst aus den oben angeführten Gründen.

2 Ich gehe nach wie vor davon aus, daß Freud Bachofen selbst nie gelesen hat, wahrscheinlich hat er von B. Rank, O. Rank, Th. Reik oder jemand anderem aber Bachofens Überlegungen berichtet bekommen.

Freud nach den Interessen und Subjekten oder den sozialen und geschichtlichen Prozessen, die einmal Mutterrecht und Frauenherrschaft hervorgebracht haben sollen, so sucht man vergebens nach einer Antwort: die Vaterlosigkeit allein kann dafür kaum geltend gemacht werden, und Freud hat denn auch diese Zeit meist als »Periode des Brüderbundes« (XVI, S. 188) oder der »totemischen Brüdergemeinschaft« (XIII, S. 151) bezeichnet. Im Gegensatz dazu hat er sich bemüht, die Wiedereinsetzung der Väter, wenn auch nicht mit den früheren Rechten des Urvaters, und damit die Wiederherstellung der patriarchalischen Ordnung genauer auszuführen und mit einer »ungestillten Vatersehnsucht« (IX, S. 180) zu begründen.

Wenn Freud seine Konstruktion selbst einmal als einen »wissenschaftlichen Mythos« bezeichnet, so trifft er – vielleicht in einem von ihm nicht gewollten Sinne[1] – ein wesentliches Stück seiner Konstruktion: diese bedarf der Aufklärung, denn sie ist ein Mythos, einleuchtend und dunkel zugleich: eine verdrängte Form der Erkenntnis. Einleuchtend ist die Konstruktion, insofern sie einen bislang nicht überwundenen, wahrscheinlich in der bürgerlichen Konkurrenzgesellschaft verschärft zutage tretenden Konflikt zwischen Männern darstellt (jedoch auch diesen mythologisiert, indem sie ihn als Vater-Sohn-Konflikt ausgibt und somit zum Anlaß wird, Konflikte zwischen Männern als Vater-Sohn-Konflikt mißzudeuten); dunkel, insofern sie den ebenfalls in der bürgerlichen Gesellschaft – wie wir gesehen haben – zugespitzten Kampf zwischen den Geschlechtern nicht einmal benennt.

Der Grund aber für die Verdrängung der Frau in der Freudschen Konstruktion der Urgeschichte ist nicht in dieser, sondern in seiner psychoanalytischen Theorie, genauer der Trieblehre zu suchen. Denn die Konstruktion der Urgeschichte stellt eine Anwendung psychoanalytischer Gesichtspunkte und Methoden auf Probleme der Geschichte und Gesellschaft dar. Die Anwendung der Trieblehre auf die Geschichte – diese ist als Produkt und Resultat konkurrierender Triebinteressen aufgefaßt, was die Theorie zugleich außerordentlich empfiehlt – macht wie in einer Vergrößerung deutlich und sichtbar, daß der Triebbegriff Freuds wesentlich ein männlicher ist – wie er es bisweilen auch selbst schreibt, wenn er z. B. die »Behauptung« mitteilt, »die Libido sei regelmäßig und gesetzmäßig männlicher

1 Ich möchte es dahingestellt sein lassen, ob es sinnvoll ist, von einem wissenschaftlichen Mythos zu sprechen.

Natur« (V, S. 120). Nun ruft diese Bemerkung sofort einen Widerspruch hervor, denn Freud hat wesentliche Stücke seiner Theorie gerade in der Analyse und an der Therapie von insbesondere unter hysterischen Symptomen leidenden Frauen gebildet. Überhaupt sind die meisten seiner Falldarstellungen Berichte der Analysen von Frauen. Von den genannten Symptomen schreibt er, daß sie »die Sexualbetätigungen der Kranken« seien (z.B. V, S. 63), genauer besehen bilden sie ein Kompromiß, das auf dem Anspruch der libidinösen Triebe und dem Einspruch des Ichs, der Reaktion gegen dieselben, beruht. Die Hausfrau, schreibt Freud 1898 in »Die Sexualität in der Ätiologie der Neurosen«, erkrankt nicht an der Schwere ihres Hauswesens oder anderen Belastungen, »sondern weil sie währenddessen ihr Sexualleben gröblich vernachlässigt und verdorben hat« (I, S. 502). Mithin könnte doch eigentlich nicht von einem männlichen Triebbegriff gesprochen werden, und ohne Schwierigkeiten ließen sich zahllose Belege aus Freuds Schriften zusammentragen, die zeigen, daß er der Frau einen Trieb nicht abgesprochen hat, sondern die im Gegenteil für die Wiedereinsetzung und Wiederaneignung der sexuellen Bedürfnisse auch der Frau sprechen. Wir müssen deshalb – entgegen den oben angeführten Freudschen Bestimmungen – nicht von einer »männlichen Natur« des Triebes sprechen, sondern von einer Fixierung des Triebbegriffes, die dazu führt, daß Freud der Trieb zu einem männlichen gerinnt.[1] Allein diesen Widerspruch zwischen dem Material, insbesondere aus den Hysterieanalysen und der Bestimmung des Triebes als männlich, hat Freud nicht hinreichend geklärt; während ihm einerseits der Trieb als männlich erscheint, bringt das Analysematerial andererseits zugleich Qualitäten, die darin nicht aufgehen.

Dieser männlich fixierte Triebbegriff läßt bei Beginn der menschlichen Geschichte das Verhältnis der Geschlechter schon als bestimmt und keines weiteren Prozesses bedürftig erscheinen. Ein Kampf der Geschlechter ist deshalb in dieser Theorie überflüssig, die Frau konsequenterweise fast ausschließlich Objekt. Eine Begründung für den Ausschluß der Frau als Subjekt, d.h. Triebsubjekt, aus der Geschichte gibt Freud nicht, jedoch findet sich eine solche in dem Versuch der Verlängerung der Konstruktion über die menschliche Vorgeschichte hinaus in die biologische Artgeschichte, den

1 Ich gebrauche den Begriff »Fixierung« nicht im strengen psychoanalytischen Sinne.

S. Ferenczi in seiner »Genitaltheorie« unternommen hat, der zugleich auch eine Begründung des männlichen Triebbegriffes enthält.

Auf eines möchte ich jedoch gleich aufmerksam machen: die Freudsche Theorie setzt durch ihren männlich fixierten Triebbegriff die Frau zurück, entmündigt sie – insoweit sie sich als Triebsubjekt bzw. in der Anwendung als geschichtliches und gesellschaftliches Subjekt setzen könnte – und stellt wie Bachofen und Engels eine »wissenschaftliche« Rechtfertigung der Hintansetzung und dann auch der Unterdrückung der Frauen bereit. Die Psychoanalyse aber war einmal mit der Absicht der Emanzipation und Befreiung des Menschen als eines bedürftigen Triebwesens angetreten, das in den Stand gesetzt werden sollte, sich seine Triebbedürfnisse als Subjekt wieder anzueignen; genau besehen gilt dies aber nur für die Männer und nur sehr eingeschränkt für die Frauen. Der Frau bleibt kaum etwas anderes, als »die für die eigene Ehe erforderliche Resignation zu ertragen«, wenn ein »frühzeitlicher Ablauf der ehelichen Beziehung und die Ereignislosigkeit in ihrem Gefühlsleben« eingetreten sind. Wenn Freud die »Einfühlung in ihre Kinder« und die »Identifizierung mit ihnen« als die beste Möglichkeit der Befriedigung, genauer der Kompensation der psychosexuellen Bedürfnisse der alternden Mutter ansieht (IX, S. 22), so mag dies angesichts der gesellschaftlichen Verhältnisse von Einsicht in die Möglichkeiten der Psychoanalyse zeugen, der emanzipatorische Anspruch aber ist zurückgenommen. In der Liebe der alternden Mutter zu ihren Kindern finden wir zugleich eine der Voraussetzungen der Urgeschichtskonstruktion, die Bescheidung und Reduktion der Frau auf die Liebe zum jüngsten Sohn bzw. ihren Kindern, als aktuelle gesellschaftliche Erfahrung wieder. Diese Bestimmung der Frau aber ist keine »Naturkonstante«[1], als welche sie die anatomisch begründete Penisneidtheorie ausgibt, sondern ein historisches und gesellschaftliches Produkt, welches für eine

1 Um Mißverständnisse zu vermeiden, möchte ich gleich betonen, daß es nach meiner Auffassung keine Naturkonstanten gibt, ebensowenig wie gesellschaftliche. Was als Naturkonstante erscheint, ist selbst Produkt eines geschichtlichen Prozesses: nämlich der Naturgeschichte, wie sie spätestens seit Darwin nachgewiesen ist. Diese ging der gesellschaftlichen Geschichte voraus, und Veränderungen in ihr haben offensichtlich viel länger gedauert, so daß sie gegenüber der gesellschaftlichen Geschichte als Voraussetzung und als relativ konstant erscheint. Ausgeschlossen ist auch nicht, daß Naturverhältnisse, die einst Voraussetzung der gesellschaftlichen Entwicklung waren, durch einen gesellschaftlich-historischen Prozeß neu gestaltet und verändert werden.

bestimmte Klasse von Frauen durch die gesellschaftlichen Entwicklungen im vorigen Jahrhundert einerseits verfestigt und für diese und andere Frauen andererseits zugleich in solchem Maße in Frage gestellt ist (wie ich im Kapitel über Engels bei der groben Nachzeichnung der Entwicklung der familiären und gesellschaftlichen Stellung der Frau zu zeigen versuchte), daß die Zuweisung einer solchen Rolle oder festgelegter und von weiterer Erfahrung abgesperrter und deshalb mythologisierter Verhaltensmuster in unendlich vielen Fällen unvereinbar ist mit den realen gesellschaftlichen Veränderungen und Bedürfnissen und zu z. T. sogar unnötigen Konflikten führt. Die historische Entwicklung, die alle gesellschaftlichen und persönlichen Beziehungen wenigstens formell zu freien Tausch- und Vertragsverhältnissen gemacht hat, nimmt ebensowenig das Verhältnis der Geschlechter wie die »Rolle« der Frau davon aus, auch wenn es zunächst so scheint, als ob die Ehe dem freien Tauschprinzip nicht unterliegt und, nach den Vorstellungen der meisten Gesetzgeber, auch nicht unterliegen soll. Da jedoch die Ehe auch ein ökonomisches Verhältnis ist und nicht außerhalb der ökonomischen und gesellschaftlichen Zwänge steht, setzen sich diese auch in ihr, wenigstens zum Teil, durch, und es ist kaum möglich, die gesellschaftlichen Entwicklungen von ihr fernzuhalten. – Die Penisneidtheorie ist nur allzu deutlich als eine in die Anatomie projizierte Begründung des Verhältnisses der Geschlechter und der Bestimmung der Frau allein negativ durch den Mann zu erkennen (die Frau als Mann ohne Penis), welche in *den* Familienverhältnissen ihre Voraussetzungen haben, in denen der Mann formell frei, durch seine Tätigkeit gesellschaftlich vermittelt und bestimmt ist, die Frau als Ehefrau aber nur durch ihren Mann und nicht für sich vermittelt ist, ihre Subjektivität und Tätigkeit zugleich unter den Mann subsumiert ist. Der Penis wird in der genannten Theorie zum biologischen Symbol gesellschaftlicher Vermittlung und Arbeit, das Nicht-Teil-Haben bzw. der Ausschluß der Frau aus ihnen wird auf das Nichthaben des Penis reduziert und mithin die gesellschaftliche Begründung der Stellung der Frau und zugleich damit die symbolische Abwertung ihres Genitals in die Anatomie verlegt. Insofern Theorien Anleitungen und Orientierungen zum Handeln sind, werden durch die Freudsche männlich fixierte Triebtheorie die Frauen, aber auch die Männer im Verhältnis zu ihnen, insoweit in die Irre geleitet, als sich die Frauen mit dieser nicht als Subjekt setzen und erkennen können.

Freud hat die Überlegungen in Ferenczis Genitaltheorie immer mit

Zurückhaltung und sogar Distanz aufgenommen, und insoweit kann Ferenczis Begründung, warum die Libido männlicher Natur sei, nicht ohne weiteres Freuds Konstruktionen und Aufstellungen impliziert werden. Allerdings hat Freud durch seine Behauptungen über die männliche Natur der Libido und damit zugleich durch die Verdrängung eines weiblichen Triebbegriffes solchen, wie Ferenczi einmal schreibt, »abenteuerlichen« Unternehmungen (II, S. 358) die Wege gewiesen; auch zieht Freud, dem Ferenczi während des Ersten Weltkrieges seine Überlegungen einmal mitgeteilt hatte, Ferenczis Konstruktion bereits sechs Jahre vor deren schriftlicher Publikation zur Unterstützung seiner Penisneidtheorie heran. Die Stelle findet sich in dem 1918 veröffentlichten Aufsatz: Das Tabu der Virginität (XII, S. 176 f.) und lautet: »Hinter diesem Penisneid kommt nun die feindselige Erbitterung des Weibes gegen den Mann zum Vorschein, die in den Beziehungen der Geschlechter niemals ganz zu verkennen ist und von der in den Bestrebungen und literarischen Produktionen der ›Emanzipierten‹ die deutlichsten Anzeichen vorliegen. Diese Feindseligkeit des Weibes führt Ferenczi – ich weiß nicht, ob als erster – in einer paläobiologischen Spekulation bis auf die Epoche der Differenzierung der Geschlechter zurück. Anfänglich meint er, fand die Kopulation zwischen zwei gleichstarken Individuen statt, von denen sich aber eines zum stärkeren entwickelte und das schwächere zwang, die geschlechtliche Vereinigung zu erdulden. Die Erbitterung über dies Unterlegensein setze sich noch in der heutigen Anlage des Weibes fort. Ich halte es für vorwurfsfrei, sich solcher Spekulationen zu bedienen, solange man es vermeidet, sie zu überbewerten.« Nach Erscheinen der »Genitaltheorie« fügt Freud aber eine deutlich distanzierende Anmerkung in die »Drei Abhandlungen zur Sexualtheorie« ein (V, S. 130, Anm. 2): »Es ist hier der Ort, auf eine gewiß phantastische, aber überaus geistreiche Schrift von Ferenczi (Versuch einer Genitaltheorie, 1924) hinzuweisen, in der das Geschlechtsleben der höheren Tiere aus ihrer biologischen Entwicklungsgeschichte abgeleitet wird.« Von der Verallgemeinerbarkeit der Ferenczischen Theorie rückt Freud deutlich in der 1926 erschienenen Arbeit »Hemmung, Symptom, Angst« (XIV, S. 170) ab, wenn er dort die Phantasie der »Rückkehr in den Mutterleib« als »Koitusersatz des Impotenten (durch die Kastrationsdrohung Gehemmten)« bezeichnet.[1]

1 Ich werde auf diese Bemerkung noch einmal zurückkommen. Eine etwas freundlichere und häufig angeführte Beurteilung findet sich dann nochmals im Gedenkwort für Ferenczi (XVI, S. 260 f.).

Ausgangspunkt der Überlegungen Ferenczis in der »Genitaltheorie«[1] ist die nach seiner Ansicht in der Psychoanalyse bis dahin vernachlässigte Frage nach »Sinn und Erklärung der Vorgänge beim Begattungsakt selbst« (II, S. 321) und die Frage, was die Befriedigung, die der Orgasmus darstellt, ausmache. Voraussetzung seiner Überlegungen ist die schon von Freud behauptete konservative Natur der Triebe, die einen früher verlassenen Zustand wiederherstellen wollen; diese Wiederherstellung erscheint dann als Befriedigung. Er sieht es deshalb als seine Aufgabe an, sozusagen den Zustand aufzufinden, der im Koitus dargestellt und in anderer, d. h. neuer Form wieder erreicht wird. Sein Material sind anfangs verschiedene Erscheinungen der männlichen Impotenz sowie der Koitus selbst und Beispiele aus dem Tierreich.

Zunächst gibt er zwei in ihrem Charakter von ihm als männlich erkannte Strebungen an. Die Begattung stellte danach einen gelungenen Kompromiß zwischen Ich- und Regressionsstrebungen dar: »Vom Standpunkt des Ich ist die Begattung zur Befreiung von lästiger Spannung und Ausscheidung spannender Körperprodukte; vom Libidostandpunkt Regression zur intrauterinen Situation« (Internationale Zeitschrift, 1922, Bd. 8, S. 479). Hinzu komme noch eine Verarbeitung der »Angst, die man beim Geburtsakt erfahren hat, und jener, die man bei bei der (phantasierten) Wiederkehr empfinden müßte« (II, S. 355). Daher könne der »Zweck des Begattungsaktes nichts anderes sein (...) als ein anfangs ungeschickt tappender, später immer zielbewußter und schließlich zum Teil gelungener Versuch zur Wiederkehr des Ich in den Mutterleib, wo es die für das zur Welt gekommene Lebewesen so peinliche Trennung zwischen Ich und Umwelt noch nicht gab. Die Begattung aber erreicht diese zeitweilige Regression auf dreierlei Weise: der ganze Organismus erreicht dieses Ziel nur *halluzinatorisch,* ähnlich wie etwa im Schlaf; dem Penis, mit dem sich der ganze Organismus identifiziert, gelingt dies bereits partiell oder *symbolisch,* und nur das Genitalsekret hat das Vorrecht, in Vortretung des Ich und seines narzißtischen Doppelgängers, des Genitals, auch *real* die Mutterleibssituation zu erreichen« (II, S. 333).

Es ist zumindest fraglich, ob diese Auffassung des Koitus und Orgasmus auch nur für den Mann allgemeine Gültigkeit beanspruchen darf und ob sie nicht vielmehr ein besonderes Triebschicksal repräsen-

1 »Thalassa: Versuch einer Genitaltheorie« (1924), in Sandor Ferenczi: Schriften zur Psychoanalyse, Bd. II, Frankfurt a. M. 1972.

tiert, wie Freud vorsichtig anmerkt, wenn er die »Phantasie der Rückkehr in den Mutterleib« als »Koitusersatz des Impotenten (durch die Kastrationsdrohung Gehemmten)« bezeichnet. Auch die Auffassung des Koitus als »Lustabfuhrgeschäft« von im Genital aufgespeicherten, sozusagen als Substanzen angesehenen Libidospannungen aus dem ganzen Körper und damit die »Säuberung des Organismus von sexuellen Abfuhrtendenzen« mit dem Zweck, die »Nützlichkeitsfunktion der Organe« zu belohnen und sie »zu erneuter Arbeitsleistung« anzuspornen (II, S. 331 und 351), verweist eher auf ein besonderes Triebschicksal, das sicherlich eine Realbasis in den gesellschaftlichen Verhältnissen hat, in denen Lust und Arbeit getrennt sind.

Nun bedarf es kaum des Hinweises, daß Ferenczis Auffassung und Darstellung des Koitus und Orgasmus ausgesprochen männlich sind, denn die Frau dringt nicht in den Körper des Mannes ein und erreicht weder symbolisch noch real eine zeitweilige Regression in den Mutterleib, auch »befreit« sie sich nicht durch eine Ejakulation »von lästigen Ausscheidungsprodukten« (II, S. 333). Ich möchte gleich die Frage anschließen, was mit der Sexualität eines Mannes geschehen sein muß, welches Triebschicksal er erlitten haben muß, wenn sich für ihn die Ejakulation, die ja meist mit der höchsten Lust zusammenfällt, als Vorgang zur Ausscheidung lästiger Körperprodukte darstellt.

Für die Frau nimmt denn Ferenczi auch eine vom Manne abweichende Ausbildung der Genitalsexualität an, die gekennzeichnet sei durch die Verlegung der Erogenität von der Klitoris (»dem weiblichen Penis«) auf den »Hohlraum der Vagina« (II, S. 338). Er faßt die Stufen der sexuellen Entwicklung zunächst beider Geschlechter als verschiedene Versuche der Rückkehr in den Mutterleib auf, schon hierin ist eine Reduktion und ein Umdeuten bzw. Verdrängen dessen sichtbar, was Inhalt und Ziel des weiblichen Triebes sein könnte, denn Inhalt und Ziel des Triebes werden für beide Geschlechter identisch als Mutterleibsregression ausgegeben. Die von Ferenczi zur Stützung seiner Konstruktion angeführten Einzeltatsachen sind recht willkürlich ausgesucht, zusammenhanglos und phantastisch, und insbesondere nicht durch psychoanalytische Erfahrungen ausgewiesen, vielmehr durch Umkehrung der Symbolbeziehungen hergestellt, und er teilt denn auch, um Mißverständnissen vorzubeugen, gleich zu Beginn seiner Abhandlung mit – sicherlich seine ganze Konstruktion meinend –, »daß bei der psychoanalytischen Heilung sowohl der analen wie auch der urethralen Impotenz die psychischen Beweggründe der Erkrankung nicht so tief im Biologischen gesucht werden müßten« (II, S. 322). Ich übergehe deshalb die von ihm angeführten Einzelheiten zugunsten seiner Konstruktion.

Auf der oralen Stufe versuche das Kind, sich mittels des Zahns »in den Mutterleib einzubohren« (II, S. 336). Auf der analen Stufe erscheine die Mutterleibsregression als Identifizierung des Kindes mit dem im Darm zurückgehaltenen Kot wieder; das Kind stelle über diese Brücke den Regressionszustand in seiner eigenen Person, Mutter und Kind repräsentierend, dar. Beim Beginn der genitalen Phase finde die Mutterleibsregression in der Masturbation seinen Ausdruck, »wobei beim männlichen Kind die eigene Hohlhand die Rolle des mütterlichen Genitals spielt« (II, S. 337). In der ödipalen Phase würde der Penis des Knaben die mütterliche Vagina auch erreichen, wenn nicht die Erzieher und vielleicht auch eine vorzeitige Abwehrtendenz oder Angst dieser frühreifen Ödipusliebe ein vorschnelles Ende bereiten würden. Ferenczi meint durch diese Deutungen nachzuweisen, »daß die Ontogenese der Sexualität an der Tendenz zur Wiederkehr in den Mutterleib unablässig festhalten will und daß die Genitalorganisation ... einem Höhepunkt in der Entwicklung des erotischen Realitätssinnes entspricht. Nach dem ersten mißlungenen oralen Versuch, den Mutterleib wiederzugewinnen, folgen die sozusagen *autoplastischen* Perioden der Analität und der Masturbation, in denen für das verlorene Objekt am eigenen Körper phantastischer Ersatz gefunden wird; doch erst mit Hilfe des männlichen Begattungsorgans wird es ernsthaft versucht, die Mutterleibstendenz wieder alloplastisch, zunächst an der Mutter, dann an anderen weiblichen Personen der Umwelt zu verwirklichen« (II, S. 338).

Bei der Frau nun, so erfahren wir bei Ferenczi weiter, erfolge eine ziemlich unvermittelte Unterbrechung der Sexualentwicklung. Ihre Genitalität regrediere wieder ins Anale, indem beim Geschlechtsverkehr der Hauptakzent auf das Beherbergen des Penis, seines Sekretes und der sich daraus entwickelnden Frucht verlegt wird (II, S. 339). Die verlassene männliche Tendenz, in den Mutterleib zurückzukehren, finde einen Ausdruck in der phantastischen Identifizierung mit dem penisbesitzenden Manne. »Die männliche Aggressivität schlägt in die passive Lust am Erleiden des Geschlechtsaktes (Masochismus) um, der einesteils mit Zuhilfenahme sehr archaischer Triebkräfte (der Todestrieb Freuds) erklärbar wird, andernteils durch den psychischen

Mechanismus der Identifizierung mit dem sieghaften Mann« (II, S. 339). »In erotischer Hinsicht« werde die Frau »wieder mehr einem Kind ähnlich« (II, S. 339). Beim ersten Geschlechtsverkehr sei sie »meist noch ganz unfertig«; die ersten Koitusversuche gleichsam »nur Vergewaltigungsakte, bei denen sogar Blut fließen muß. Erst später lernt die Frau den Geschlechtsakt passiv zu ertragen, noch später lustvoll zu empfinden oder gar daran aktiv teilzunehmen« (II, S. 340).

»Diese Beobachtungen«, so schließt Ferenczi seine Gedanken ab, »sowie gewisse phylogenetische Überlegungen... legten uns die Auffassung nahe, daß sich hierin eine Kampfphase der Geschlechter individuell wiederholt, in der die Frau den kürzeren zog, da sie ja das Vorrecht, wirklich in den Mutterleib einzudringen, dem Manne überließ, sich selbst aber mit phantasiemäßigen Ersatzprodukten und insbesondere mit dem Beherbergen des Kindes, dessen Glück sie mitgenießt, begnügte« (II, S. 340). Dieser Kampf der Geschlechter sei aber kein aktueller; sondern er habe in der biologischen Vorgeschichte, bei der Eintrocknung der Meere, also einer angenommenen Naturkatastrophe für die damaligen Lebewesen, der sie sich anpassen mußten, stattgefunden, wobei sie aber den Zug zurück ins Meer als Triebinhalt beibehielten, und sei also »eigentlich ein Kampf um Wasser, um Feuchtigkeit« gewesen. Individuell mache jeder diese Naturkatastrophe bei seiner Geburt durch, wo jedes Kind genötigt sei, das Leben in der amniotischen Flüssigkeit, welche das Meer darstelle, aufzugeben. Ursprünglich hätten Männchen wie Weibchen unserer tierischen Vorfahren eine gleiche Strebung gehabt: als Ersatz für das Meer in den Leib des Partners einzudringen. Der Kampf habe aber mit dem Sieg des Männchens und mit »der Schaffung von Trosteinrichtungen für das Weibchen« geendet. Nach der Eintrocknung der Meere entstand zum erstenmal die Nötigung, »für die verlorene See-Existenz einen Ersatz zu suchen, auch (äußerte sich) zum erstenmal der Drang (...), in einen fremden Tierleib einzudringen, d. h. sich mit ihm zu begatten. Ursprünglich mag es ein Kampf aller gegen alle gewesen sein, schließlich gelang es dem stärkeren Männchen, in die Kloake des Gegners einzudringen, am Ende gar sich eine eigene Begattungsröhre zu bohren, eine Situation, in die sich das Weibchen dann auch in seiner Organisation fügte« (II, S. 368).

Für die Frau bleiben seither nur »Trost und Ersatz« (II, S. 369 Anm.), eine eigenständige Befriedigung ist bei Ferenczi für sie nicht vorgesehen, d. h. verdrängt; er fragt nicht einmal danach. Überhaupt ist nach dieser Ansicht der Trieb eben männlich, da nur der Mann mit den Organen ausgestattet ist, die eine Erfüllung des Triebes, die symbolische und reale Verwirklichung der Rückkehr in den Mutterleib oder das Meer, und die Ausscheidung der im Sperma aufgehäuften Libidospannung ermöglichen. Die Frau ist eigentlich trieblos, der Trieb ihr schon in jenem biologischen Urkampf, der die beiden Geschlechter hervorbrachte, ausgetrieben. Ihr bleiben nur die Identifizierung mit dem penisbesitzenden Mann, der Leibesfrucht und, wie Freud der alternden Mutter zubilligt, die Einfühlung in ihre Kinder, also der Verzicht auf reale Befriedigung zugunsten von vorgestellter. Die Frau kann sich nach einer solchen Theorie als Orientierung und Anweisung für ihr Handeln nicht als Subjekt setzen und sich ihre Triebe wieder aneignen, denn dies hätte immer den Trieb eines Mannes und nicht ihren eigenen zum Inhalt, sie muß sich mit Trost- und Ersatzeinrichtungen bescheiden: Aufklärung, die den Menschen die Furcht nehmen und sie als Subjekt einsetzen will, ist umgebogen in Gegenaufklärung. Aber auch für den Mann wird die Frau durch diese Theorie zum bloßen Sexualobjekt, eine dementsprechende Ansicht und Praxis gerechtfertigt.[1] Man fragt sich, welche von Ferenczi nicht genannten Erfahrungen die Grundlage seiner Spekulation bilden, denn die von ihm angeführten Einzeltatsachen sind nicht als zureichend anzuerkennen: ist es das Bild der von den meisten Söhnen vorgenommenen bzw. ihnen aufgezwungenen Entsexualisierung der Mutter, die deshalb zur kastrierenden werden kann, oder sind es die von ihm in verschiedenen Schriften behandelten Formen der Homosexualität[2], insbesondere auch der Analverkehr in einer Form, wie er aus Gefängnissen bisweilen berichtet wird?[3]

Was bei Freud zurückgedrängt war und nur noch an Symptomen kenntlich ist, ist von Ferenczi in seiner Begründung der Entstehung

1 Jedoch geht die Konstruktion in der Rechtfertigung nicht auf, wie wir noch sehen werden.

2 Vgl. z. B. »Über die Rolle der Homosexualität in der Pathogenese der Paranoia« (1911), »Zur Nosologie der männlichen Homosexualität« (1914) u. a.

3 Man vergleiche z. B. das von S. Brownmiller, Gegen unseren Willen – Vergewaltigung und Männerherrschaft, Frankfurt a. M. 1978, S. 174–184, aus Strafanstalten zusammengetragene Material über erzwungenen Analverkehr unter Männern, die durch diesen »Mädchen« und »Frauen« herstellen (S. 177 f.), wo also in gewisser Hinsicht das stattfindet, was Ferenczi in die biologische Vorgeschichte verlegt.

der beiden Geschlechter zum Gegenstand gemacht: der Kampf der Geschlechter. Als sein Resultat erscheinen die Charaktere der Geschlechter und ihr Verhältnis zueinander. Diese sind als Produkt aufgefaßt, das zwar nicht als ein gesellschaftliches und historisches analysiert, sondern als biologisches mystifiziert ist, aber wenigstens als Resultat eines Prozesses anerkannt ist, welcher sich dann doch relativ leicht als eine in die biologische Vorgeschichte projizierte Darstellung des aktuellen Kampfes der Geschlechter und der aktuellen Bestimmung von geschlechtsspezifischen Verhaltensmustern dechiffrieren läßt. In gewisser Hinsicht gibt Ferenczi die Begründung, warum in Freuds Geschichtskonstruktion die Frau nicht als Subjekt und ebensowenig der Kampf der Geschlechter vorkommt, denn dieser sei vor Eintritt in die menschliche Geschichte entschieden und keiner weiteren Bestimmung fähig und wahrscheinlich auch nicht einmal bedürftig. Übrig ist bei Freud allenfalls eine seiner Ansicht nach unbegründete »feindselige Erbitterung des Weibes gegen den Mann ... (geblieben), die in den Beziehungen der Geschlechter niemals ganz zu verkennen ist und von der in den Bestrebungen und literarischen Produktionen der ›Emanzipierten‹ die deutlichsten Anzeichen vorliegen« (XII, S. 176 f.)

Wir sehen: der verdrängte aktuelle Kampf der Geschlechter kehrt in Ferenczis Ausführungen, warum der Trieb männlich sei oder warum nur dem Manne ein Trieb zukomme, in der Projektion in die biologische Artgeschichte wieder und erhält so – ähnlich wie bei Bachofen und Engels – eine ihn verwischende Zulassung. Aber auch wie dieser Kampf geführt wird, weiß Ferenczi. Er schreibt, »daß die *sekundären Geschlechtsmerkmale,* die also ursprünglich nur dem Männchen zukommen, als Waffen in einem Kampf gebraucht werden, in dem es sich darum handelt, welcher von den Kämpfenden das geschlechtliche Eindringen in den Körper des Partners erzwingt. Wenn wir diese Waffen auf ihre Wirkungsweise prüfen, sehen wir, daß sie danach angetan sind, das Weibchen mit *direkter Gewalt* gefügig zu machen oder mit Hilfe *hypnotischer Faszinierung* zu lähmen« (II, S. 344 f.). Wenn wir annehmen wollen, daß mit der hypnotischen Faszinierung auch die gesellschaftlichen Machtmittel gemeint seien, bleibt dem nur hinzuzufügen, daß neben diesen beiden Methoden: der direkten Gewalt und der gesellschaftlich vermittelten Gewalt, die biologisierende Psychoanalyse mit ihrer männlichen Triebtheorie eine dritte: theoretische Methode bereitstellt, um »das weibliche Geschlecht unter Aufgeben oder Einschränken der eigenen realen

Befriedigungsabsicht zum Erdulden des Geschlechtsaktes seitens des Männchens gefügig« zu machen (II, S. 344). Die substantialisierende Psychoanalyse – und ich betone nur diese – stellt sich durch die Festschreibung eines bestimmten gesellschaftlich und historisch gebildeten Verhältnisses der Geschlechter und durch die Festlegung des Triebbegriffes als biologischer Konstanten in den Dienst der Rechtfertigung, der Hintansetzung und daraus auch folgend der Unterdrükkung der Frau.[1] Es bleibt Aufgabe der Psychoanalyse, nach ihrem eigenen Verdrängten zu fragen.[2]

Irgendwo aber muß die weibliche Sexualität auch in diesen verdrängenden Auffassungen als Symptom enthalten sein; denn die Spekulation der Regression in den Mutterleib wird nicht nur von Ferenczi und nicht einmal nur in der Psychoanalyse vorgetragen – Ferenczi ist nur ihr prononciertester oder extremster Vertreter. Wir vermuten nun – und dies muß hier als Vermutung stehen bleiben –, daß die Mutterleibsregression selbst die Ersatzbildung für die weibliche Sexualität bzw. ihren Begriff ist; diese stellt als Sog für die Männer eine Bedrohung, verschlungen zu werden: spezifischer eine Kastrations-

1 Daß die Biologisierung in der Psychoanalyse zur Verunklarung und im weiteren zur Destruktion wesentlicher psychoanalytischer Begriffe und Methoden führt, wird z. B. in Ferenczis Anwendung der »Bioanalyse« auf den Ödipuskomplex sichtbar. Der Ödipuswunsch sei danach »der Ausdruck einer viel allgemeineren biologischen Tendenz, die die Lebewesen zur Rückkehr in die vor der Geburt genossene Ruhelage lockt« (II, S. 33). Damit ist dem Ödipuskomplex und den auf ihn aufbauenden psychischen Bildungen ein biologischer Konflikt bzw. eine Tendenz unterschoben und der von Freud in seiner Analyse ödipaler Strebungen festgestellte gesellschaftliche Konflikte von Männern um ihre konkurrierenden Sexualinteressen, der in die Kindheit verlegt und im Verhältnis zum Vater bereits abgehandelt wird, als dessen Resultat bestimmte, diesen Konflikt balancierende Verhaltensmuster entstehen, zumindest zurückgedrängt. Die Psyche ist implizit nicht mehr, was gerade den Vorzug Freuds ausmacht, als eine gesellschaftlich vermittelte Bildung aufgefaßt und eine Änderung der z. B. dem Ödipuskomplex bislang zugrunde liegenden und ihn ständig reproduzierenden gesellschaftlichen Verhältnisse ausgeschlossen. Überhaupt widerspricht eine Biologisierung der Methode der Psychoanalyse, insofern die Frage nach der Ontogenese psychischer Bildungen und d. h. die Methode der freien Assoziation, mit deren Hilfe die verdrängten und dem Bewußtsein nicht mehr zur Verfügung stehenden Zusammenhänge aufgedeckt werden sollen, sinnlos wird.

2 Diese Fragestellung steht im Zentrum verschiedener am Religionswissenschaftlichen Institut der FU angefertigter Arbeiten.

drohung[1] dar und wird deshalb abgewehrt, zugleich aber in der Form der Verneinung des sie bedrohenden weiblichen Soges und dessen Aneignung im Bilde der maternalen Regression für die durch Kastrationsdrohung gehemmten Männer annehmbar gemacht. Dies würde auch Freuds Einschränkung der Gültigkeit der Mutterleibsregression berücksichtigen.

1 Ferenczi verweist selbst einmal darauf, daß die Einverleibung des Penis auch eine »gegen ihn gerichtete Kastrationsdrohung zum Ziele« zu haben scheint (II, S. 340), zumindest mag dies einem Manne so erscheinen, oder es mag auch die spezifische Triebgeschichte einer Frau eine Kastrationsabsicht und Drohung zum Resultate haben.

Exkurs III: Die »Venus-Statuetten« des Jungpaläolithikums

»Die Unwissenheit ist die Unwissenheit; kein Recht etwas zu glauben, leitet sich aus ihr ab.« *S. Freud*

Mit einem angenommenen prähistorischen Mutterrecht, welches allerdings primär aus Überlegungen der Theorien Bachofens und Engels (d. h. aus einer rekonstruierten wirtschaftlichen und familiären Stellung der Frau sowie ihrer prokreativen Fähigkeit) begründet wird, sind die sogenannten »Venus-Statuetten« des Jungpaläolithikums in Zusammenhang gebracht worden.[1] Diese als Stammütter, Fruchtbarkeitsidole und bisweilen sogar als Muttergottheiten oder schlicht als erotisch-ästhetisches Ideal angesehenen Statuetten werden zudem zu einer meist diffusen Grundlage einer emotionalen Anerkennung und Begründung eines Matriarchats, indem auf die auffällige und m. E. bislang ungeklärte Tatsache verwiesen wird, daß die ersten überlieferten plastischen Darstellungen des Menschen fast ausschließlich weiblichen Geschlechts sind.

Bereits zu Beginn der vierziger Jahre waren mindestens 79 solcher Kleinplastiken bekannt[2], mittlerweile dürften es weit über hundert sein, nachem z. B. bei den Ausgrabungen in Gönnersdorf (Rhein) 1968 allein 11 Statuetten bzw. Bruchstücke von Statuetten und bei den Ausgrabungen im Unstruttal bei Nebra ebenfalls in den sechziger Jahren drei Figuren gefunden wurden.[3] Die bekannteste Statuette

1 Vgl. z. B. O. Nahodil, Mutterkult in Sibirien (1963) unter Berufung auf P. P. Jefimenko; V. Toepfer, Drei spätpaläolithische Frauenstatuetten aus dem Unstruttal, 1965, S. 111. Häufig wird der Zusammenhang mit einem Matriarchat in der Form der Verneinung vorgetragen, indem ein Schluß von diesen Figuren auf eine mutterrechtliche Sozialordnung als unbegründet abgewiesen wird, ohne daß jedoch der geringste Hinweis gegeben wird, wer und mit welchen Argumenten einen solchen Schluß vertritt; vgl. z. B. K. J. Narr, Weibliche Symbolplastik der älteren Steinzeit, Antaios II, 1961, S. 150.

2 Fr. Hancar, Zum Problem der Venus-Statuetten im eurasischen Jungpaläolithikum, Prähistorische Zeitschrift, 1939/40, S. 144, berichtet von 38 west- und mitteleuropäischen und mindestens 41 osteuropäischen und nordasiatischen Figürchen.

3 G. Bosinski und G. Fischer, Die Menschendarstellungen von Gönnersdorf 1974, S. 46 f. und Taf. 72–74, eventuell handelt es sich nur um 10 Statuetten, da sich zwei Stücke zusammensetzen lassen, allerdings gibt es keine Paßstelle. V. Toepfer, Drei spätpaläolithische Frauenstatuetten aus dem Unstruttal bei

dürfte die »Venus von Willendorf« (Abb. 1) sein; die erste aus Rengeweih geschnitzte Figur wurde, wie ich V. Toepfers Aufsatz entnehme (S. 103), von M. E. Dupont in Trou Margrite (Belgien) im gleichen Jahr entdeckt, in welchem Bachofen sein Mutterrecht publiziert. Von wem die problematische und projektionsgeladene Bezeichnung dieser Figuren als »Venus-Statuetten« stammt, habe ich nicht feststellen können. Interessant ist jedenfalls, daß diese Bezeichnung trotz immer wieder vorgebrachten Widerspruchs und dem Vorschlag, diese Figuren zutreffender schlicht weibliche Statuetten zu nennen, so eingeführt ist, daß sie nicht mehr wegzudenken ist.[1] Dazu ist gleich hinzuzufügen, daß nicht nur Statuetten unbestimmten Geschlechts, sondern auch die vereinzelten männlichen Figürchen (z. B. aus Brassempouy, Landes[2]) unter dieser Bezeichnung subsumiert werden, und zwar in einem solchen Maße, daß es offensichtlich z. T. unbekannt geblieben ist, daß es überhaupt männliche Statuetten gibt.

Die meisten zwischen 5 und 15 cm langen Statuetten zeigen eine gewisse Variationsbreite von Formen, die von kaum noch als Frauen zu erkennenden stabförmigen Stilisierungen (wie z. B. die kleine Elfenbeinfigur aus dem Bärenkeller bei Garsitz[3]) bis zu weitgehend naturgetreuen Darstellungen reichen. Die Statuetten sind aus Stein, Kohle, Rengeweih, Elfenbein, Rötel und Mergel hergestellt; es wird vermutet, daß die meisten aus Holz waren und deshalb verlorengegangen sind. Die meisten dieser Figuren betonen, wie K. Narr es

Nebra 1965, S. 103–111. Vgl. auch R. Feustel, Statuettes Féminines Paléolithiques de la Republique Democratique Allemande, BSPF Bd. 67, 1970, S. 12–16, gibt Berichte über weitere Funde.

1 Ich vermute, daß diese Bezeichnung einer handfesten, wenn auch wahrscheinlich unbewußten, männlichen Neutralisierungsabsicht dieser Figuren entspringt, indem die Frau auf ein sexuelles Objekt reduziert wird und damit das in diesen Figuren steckende »Unheimliche« gebannt wird: Jedoch müßte dies in den Begründungen für die Einführung und das Festhalten an diesem Namen nachgewiesen werden; leider liegen diese nicht vor. H. Delporte, Le Problème des statuettes Féminines dans le leptolithique occidental, Mitt. der Anthrop. Ges. Wien, Bd. 92, 1962, S. 53, spricht sogar von einer »civilisation à Vénus«.

2 Chr. Zuechner, Die Menschendarstellungen des franz. Jungpaläolithikums, Diss. Phil. Fak. Erlangen, 1972, S. 51.

3 Vgl. z. B. R. Feustel, Sexuologische Reflexionen über jungpaläolithische Objekte, 1971, S. 25, Abb. 9.

ausdrückt[1], die »Zonen des Gebärens und Nährens«, d. h. die Brüste und das Becken; häufig sind die Frauenfigürchen mit einem Fettwulst um die Hüften und dickem Bauch versehen, so daß ich bisweilen den Eindruck habe, es handle sich um Schwangere. Im Gegensatz zu den meist kräftigen Oberschenkeln sind die Arme nur angedeutet und liegen auf den Brüsten oder dem Bauch, fehlen z. T. auch ganz. Die Beine verjüngen sich und bisher scheint keine Figur mit Füßen gefunden zu sein, so daß angenommen wird, die Figuren waren dazu bestimmt, in eine dafür vorgesehene Vorrichtung oder in den Lößboden gesteckt zu werden. Der Kopf fehlt häufig, war vielleicht auch nicht bei allen Figuren vorhanden, und es wird in der von mir übersehenen Literatur von keinem individuell ausgearbeiteten Gesicht, wenn auch in Einzelfällen von durchgearbeiteten, schematischen Gesichtszügen berichtet. Die Augen sind manchmal nur angedeutet (wie bei der Venus von Dolni Vêstovice, Abb. 3), oder der Kopf ist mit einer Art Strickmuster überzogen (wie bei der Venus von Willendorf). Einige Figürchen scheinen mit einem Tierfell bekleidet (wie zwei aus Malta in Sibirien), bisweilen ist ein Lendenschurz oder ein Tierschwanz angedeutet. Einige Figuren sind (wie die Mehrzahl aus Peterfels, Baden[2]) im Kopf, andere zwischen den Unterschenkeln durchbohrt, so daß sie als Umhänger getragen oder vermittels eines Stöckchens an der Hüttenwand befestigt werden konnten. Die Figuren werden in die Kulturstufe des Aurignaciens und Solutréens, z. T. ins Magdalénien datiert, sie wurden im Gebiet von den Pyrenäen bis ins mittlere Sibirien am Baikalsee gefunden. Die Fundumstände sind nicht in allen Fällen, zumal bei den älteren Funden, geklärt. Im

1 K. Narr, 1961, S. 134. Diese Bezeichnung hält sich durch und ist z. B. auch im Katalog zur Ausstellung »Muttergottheiten und Fruchtbarkeitsidole von der Steinzeit bis zur Gegenwart«, Dez. 1978 bis Jan. 1979 in Göttingen, S. 14 aufgenommen. Selbst der sich kritisch dünkende Borneman, Das Patriarchat, 1975, S. 52, gebraucht sie. In der Einschränkung auf das Gebären und Nähren, also die Mutterfunktion der Frau, sehe ich eine weitere Reduktion und, was die weibl. Statuetten betrifft, Neutralisierung der Frau. Um die drei Bachofenschen Reduktionsauffassungen der Frau in den Qualifizierungen der weibl. Statuetten wiederzufinden, fehlt nur noch der Vorschlag, sie als Amazonen zu interpretieren.

2 E. Peters, Die altsteinzeitliche Kulturstätte Petersfels, Augsburg 1930, Taf. XXV; sowie: E. Peters und V. Toepfer, Der Abschluß der Grabungen am Peterfels bei Engen, Prähistorische Zeitschrift 1932, Bd. 23, S. 135, insgesamt wurden in dieser Höhle 15 Statuetten gefunden.

Westen stammen die Statuetten meist aus Höhlen, im Osten aus in den Löß gegrabenen Erdhütten – entweder nahe den Feuerstellen oder in Nischen an den Wänden, in Mitteleuropa wurden sie z. T. in sogenannten Zeltstangengruben und eine in einem von den Ausgräbern als »Kultkiste« bezeichneten Behältnis gefunden.[1] In Kostjenki I, wo sich die bislang größte dieser Figuren (ca. 30 cm) fand, waren die Figuren absichtlich zerstört worden.

Die Statuetten stellen meist eine ältere oder Frau in mittleren Jahren dar, sofern sich das Alter überhaupt bestimmen läßt, so daß bisweilen von einer »strengen Beschränkung auf das Motiv des nackten, vollerblühten Weibes« gesprochen wird – was immer dies heißen mag[2] –, jedoch ist in Jelisejevici auch eine den Statuetten von Kostjenki I, Willendorf u. a. in der Gestaltung des Körpers wesensverwandte Darstellung eines jungen Mädchens gefunden worden.[3]

Was bedeuten nun diese Frauenstatuetten, und was läßt sich aus ihnen über die gesellschaftlichen Verhältnisse ihrer Produzenten herleiten?

Fünf verschiedene Interpretationen dieser weiblichen Statuetten stellt E. Saccasyn-Della-Santa in einem Abschnitt seines Buches »Les Figures humaines du paléolithique supérieur eurasiatique« zusammen und unterwirft sie einer z. T. scharfen Kritik.[4] Er unterscheidet die Interpretation dieser Figuren 1. als Darstellung der Wirklichkeit, 2. als Darstellung eines ästhetischen Ideals, 3. als Darstellung eines Fruchtbarkeitsidols, 4. als Bild einer Göttin und 5. als Ahnendarstellung.

Wenn man von der ersten Deutung absieht – die ja auch noch nichts erklärt, denn es ist nicht unmittelbar einsichtig, warum die Wirklichkeit dargestellt und dadurch verdoppelt werden sollte; auch enthalten die meisten dieser Figuren ein solches Maß an Abstraktion, daß von einer Abbildung schlechterdings nicht gesprochen werden kann –, so lassen sich die Deutungen in zwei Gruppen unterscheiden: a) eine säkulare und b) eine kultische. Nach der säkularen Interpretation

1 V. Toepfer, 1965, S. 111.
2 Fr. Hancar, Zum Problem der Venusstatuetten . . ., Prähist. Zeitschrift 1939, 40, S. 144. Man vergleiche auch die Ausführungen Chr. Zuechners, 1972, insbesondere S. 103.
3 Fr. Hancar, die Venus-Statuette von Jelisejevici (Kreis Brjansk), IPEK, 1949–53, S. 1–6, Taf. 2.
4 Antwerpen, 1947, S. 9 ff.

stellen diese Statuetten ein »erotisches Ideal« dar. Diese z. B. von H. Klaatsch bereits 1913 vorgetragene Deutung stützt sich auf das Argument, daß die Eiszeitjagd eine Zunahme der Fleischkost gebracht habe, die zu einer Erhöhung der Denkfähigkeit und Verstärkung des Geschlechtstriebes geführt habe, welche den inneren Anstoß zur Erfindung und Darstellung eines »erotischen Ideals« gegeben habe.[1] A. H. Luquet fügt dem hinzu, daß Fruchtbarkeit und Mutterschaft in jägerischen Lebensverhältnissen bei Unsicherheit der Nahrungsversorgung und ständigem Umherschweifen nicht darstellenswert erscheinen, und er sieht in den Figuren nur »rein ästhetisch-erotische Bildwerke«[2]. Nach Fr. Hancar handelt es sich aber bei den Produzenten dieser Statuetten nicht um umherschweifende, sondern, wie die mittel- und osteuropäischen und sibirischen Fundorte zeigen, um seßhafte Gruppen; auch vermittelten die bei den Wohnstätten gefundenen Knochenhaufen eher das Bild eines Nahrungsreichtums als das von Hunger. Meiner Meinung nach übersieht seine Deutung darüber hinaus aber auch, daß – vorausgesetzt, die Annahme einer Verstärkung des Geschlechtstriebes sei zutreffend – dies zunächst schlicht zu einem verstärkten Sexualleben, nicht aber zur Darstellung eines erotischen bzw. ästhetischen Ideals führt. Damit sich dieser verstärkte Trieb in Bildwerke verwandelt, müßte angenommen werden, daß etwas zwischen den verstärkten Sexualtrieb und seine Befriedigung trete, so daß der Trieb zumindest teilweise in einer symbolischen Aktion eine Erledigung erhält, also z. B. die Errichtung von Inzestschranken oder anderen Sexualeinschränkungen. Doch sind die Prähistoriker, soweit ich sehe, mit Recht vorsichtig und weit davon entfernt, solche Schlüsse zu wagen. Auch aus den anderen Bodenfunden lassen sich solche Schlüsse auf das Sexualleben nicht zureichend begründen.[3]

Überwiegend wird von den Forschern die Meinung vertreten, daß es sich bei den weiblichen Figürchen um Darstellungen mit kultischer Bedeutung handele. Diese sehen in den Statuetten entweder Fruchtbarkeitsidole, Muttergöttinnen oder Stammesahnen. Für die kultische Deutung werden die »steif aufrechte Haltung« mit »betonter Feierlichkeit« (wie z. B. bei der Venus von Willendorf) sowie die näheren

1 H. Klaatsch, Die Anfänge der Kunst und Religion in der Urmenschheit, Leipzig 1913, S. 62 f.
2 Nach Fr. Hancar, Das Problem der Venus-Statuetten ... 1939/40, S. 145.
3 Vgl. z. B. V. G. Child, Soziale Evolution (1951), 1975, S. 39 und passim.

Fundumstände angeführt.[1]

Für die Interpretation dieser Figuren als Fruchtbarkeitssymbole, die nicht nur auf die Fruchtbarkeit des Stammes bzw. der Gruppe, sondern auch auf die der Tiere und damit auf den Jagderfolg bezogen wird, spricht die Betonung der Brüste, des Beckens und der Scham. Der Zusammenhang von Fruchtbarkeitsidolen und Jagdmagie wird durch völkerkundliche Parallelen und z. B. auch durch eine nicht unangefochtene Rekonstruktion der aus der gleichen Zeit stammenden Reliefbilder von Laussel durch S. N. Zamjatnin hergestellt, die drei den Statuetten ähnliche Frauen in einer jagdmagischen Situation zeigen (Abb. 2). Auch scheint Fruchtbarkeitsmagie bis zu einem gewissen Grade unmittelbar einsichtig, da sowohl der Fortbestand der eigenen Gruppe, der in einem gewissen Umfang und reguliert ein Interesse jeder menschlichen Gruppe ist, als auch der Jagderfolg nicht einfach machbar sind. Dieser Interpretation vorausgesetzt bzw. mit ihr zugleich gesetzt ist allerdings die Existenz bzw. die Entstehung von magischen oder kultischen Veranstaltungen zur Beförderung dieser Ziele, d. h. eine Spaltung des Handelns und damit zugleich des Bewußtseins in die Realhandlung der Jagdtätigkeit und in eine magische oder kultische, die die Realhandlung bzw. deren Erfolg beeinflussen soll.

Die Deutung dieser Figuren als Darstellung der Muttergöttinnen verschiebt das Problem auf die Frage nach der Entstehung von Gottheiten und unterstellt dem paläolithischen Menschen ein Gottesbewußtsein bzw. die Vorstellung eines höheren Wesens, welche selber erklärungsbedürftig sind, die zumal keinen Anhaltspunkt in den sonstigen Funden haben. Auch scheint diese Deutung im wesentlichen nicht frei von Vorstellungen späterer Epochen und Entwicklungen.[2]

Schließlich wird die Interpretation der Statuetten als Ahnen oder Stammütter – ohne damit zugleich eine Deutung als Fruchtbarkeitsidol auszuschließen, wie überhaupt die Interpretationen sich eigentlich nicht gegenseitig ausschließen – mit dem durch die Jägerseßhaftigkeit und die Bedingungen der Großtier- und Herdenjagd einhergehenden bzw. notwendigen Zusammenschluß blutsverwandter, real oder der Einbildung nach von einer Mutter abstammender Gruppen

1 Fr. Hancar, 1939/40, S. 146, vgl. auch Chr. Zuechner, Menschendarstellungen, 1972, S. 99 ff., zusammenfassende Charakterisierungen dieser Figuren.
2 Vgl. z. B. K. Narr. Interpretation altsteinzeitlicher Kunstwerke durch völkerkundliche Parallelen, Anthropos, Bd. 50, 1955, S. 513 ff.

begründet. »Bildnisse eines solch weiblichen Anfangs als Zeichen des inneren Zusammenschlusses der seßhaften Jägerhorde könnte man entsprechend dem Totemverband der wandernden Jäger in den jungpaläolithischen Frauenstatuetten sehen«, schreibt Fr. Hancar[1]. Verbunden mit der Jägerseßhaftigkeit sei zudem die wirtschaftliche Stellung der Frau als unentbehrliche Arbeitskraft bei der häuslichen »Höchstauswertung« der erlegten Tiere sowie eine hohe gesellschaftliche Stellung der Frau in den durch die Seßhaftigkeit und kollektive Jagd sich bildenden Horden.[2] Hier wird zugleich eine durch die sonstigen Funde kaum belegte geschlechtliche Teilung der Arbeit unterstellt. Auch diese Deutung darf aber nicht den Gesichtspunkt außer acht lassen, daß ein Zusammenschluß verwandter oder auch nicht verwandter Gruppen für sich keiner Symbole des Zusammenschlusses oder der Gemeinsamkeit bedarf. Es müssen innere oder äußere Bedingungen und Konflikte dazukommen, um eine Symbolisierung notwendig und sinnvoll zu machen. Innere Konflikte könnten z. B. in der ständigen Bedrohung des Zusammenschlusses während der winterlichen oder sonst wie bedingten Unterbrechung der kollektiven Jagd gesehen werden[3], äußere in der Konkurrenz verschiedener Gruppen um günstige Jagdgebiete und Wohnplätze, wie sie in gewisser Hinsicht die absichtliche Zerstörung der Statuetten in Kostjenki I nahelegt.

Alle mir bekannten wissenschaftlichen Interpretationen dieser weiblichen Statuetten führen diese nicht als Beweis eines politischen Matriarchats oder auch nur eines Primats der Frau in den jungpaläolithischen Kulturen an; überhaupt sind alle Interpretationen kaum

1 Fr. Hancar, 1939/40, S. 149.

2 Fr. Hancar, 1939/40, S. 152. Gegen die Deutung der Statuetten als Ahnen oder Stammütter hat S. A. Tokarev, Zur Bedeutung der Frauendarstellungen im Paläolithikum, Beiträge zur Völkerforschung, Berlin: Akademieverlag 1961, S. 685, eingewandt, daß es kein einziges Beispiel dafür gebe, daß bei irgendeinem Volke totemistische Ahnen in der Form von Frauen dargestellt werden. Jedoch ist dies unzutreffend. Die Aranda in Zentralaustralien z. B. kennen sehr wohl weibliche Ahnen: die Alknarintja und Labarintja. Die Kenntnis dieser Frauen ist allerdings Geheimwissen der Männer und wird vor den Frauen verborgen gehalten, vgl. H. Z. Mythos und Arbeit, 1977, Kap. II, S. 31–57.

3 Den Statuetten käme dann auch die Bedeutung eines Erinnerungsstückes zu, welches durch die Fettleibigkeit Zeiten des durch kollektive Arbeit gesicherten Überflusses ins Bewußtsein bringt.

mehr als Vermutungen: daraus auf ein prähistorisches Mutterrecht zu schließen, ist nicht zu rechtfertigen. Auch eine Gruppenbildung nach matrilinearen Prinzipien sagt, wie wir bereits früher gezeigt haben, nichts über die tatsächliche gesellschaftliche Stellung der Frau aus, ebensowenig kann aus der Bedeutung der Frauen im Produktionsprozeß einer Kultur etwas über ihre gesellschaftliche Stellung zwingend geschlossen werden: sie mag trotz hoher wirtschaftlicher Leistung und Bedeutung für die Gruppe bei der Durchsetzung ihrer Interessen nicht erfolgreicher gewesen sein als andere produktive Schichten und Klassen in späteren Geschichtsepochen, wie die Sklaven im Altertum, die Leibeigenen und Feudalbauern im Mittelalter oder die Arbeiter in der bürgerlichen Gesellschaft. Wir wissen bisher schlicht zu wenig über die jungpaläolithischen Gesellschaften, als daß Aussagen über das Verhältnis der Geschlechter und deren Stellung in diesen Gesellschaften gemacht werden können.[1]

1 Um Mißverständnisse zu vermeiden, möchte ich darauf hinweisen, daß jede Hypothese selbstverständlich erlaubt ist, sogar eine zunächst abwegig erscheinende: Man muß nämlich wissen, wonach man suchen will und soll. Aber wir dürfen den heuristischen Charakter solcher Hypothesen nicht vergessen und vor allem nicht vergessen machen.

Schluß

Drei Theorien des Mutterrechts – jede, wie ich meine, paradigmatisch – haben wir zum Gegenstand gemacht und in allen dreien gezeigt, daß sie wesentlich Begründungen und Rechtfertigungen der gegenwärtigen, aber auch vergangener gesellschaftlicher Hintansetzung und Unterdrückung der Frau darstellten. Der Witz oder eigentlich der Aberwitz aller drei Theorien über das Reich der Frau ist, daß sie männliche Vorstellungen über die Frau zur Grundlage haben und nicht die Frau als Subjekt, wie man es zunächst für ein Mutterrecht erwarten würde. Diese männlichen Vorstellungen gehen aber nicht darin auf, nur Phantasien von Männern zu sein, sondern diese sind als geschichtlich-gesellschaftlich vermittelte den Frauen und ebenso den Männern, was nicht zu vergessen ist, als Sozialcharaktere und Verhaltensmuster auch aufgezwungen; insofern steckt ein Stück Realanalyse in ihnen, und dies zeigt, daß sie nicht nur Mystifikationen sind.

Die Bestimmung des Verhältnisses der Geschlechter und der Rolle der Frau ist in allen drei Theorien historisch begründet, jedoch in einer mythologisierten Form, indem bei *Ferenczi* der aktuelle Geschlechterkampf in die biologische Artgeschichte verlegt ist und das aktuelle, gesellschaftlich-geschichtlich geformte Geschlechterverhältnis zur biologisch konstituierten Voraussetzung der Geschlechter überhaupt gerinnt. Eine Versöhnung der Geschlechter könnte in dieser Theorie nur Anpassung oder Unterwerfung der Frau heißen, Emanzipation ist eigentlich unmöglich. Bei *Engels* ist das Mutterrecht als Teil der menschlichen Naturgeschichte konstruiert, eine Auflösung des am Ende dieser Naturgeschichte durch den Eintritt in die Geschichte entstandenen Geschlechterverhältnisses erst nach der Revolution möglich, Versöhnung aber immerhin für die Zukunft möglich und notwendig erachtet, jedoch hat die Frau sich bis dahin zu gedulden. Bei *Bachofen* ist das Mutterrecht Teil der Geschichte, der aber vergangen sein und bleiben soll, eine Emanzipation der Frau wäre für ihn nur ein Rückfall.

Alle drei Theorien erklären das für sie jeweils Wesentliche für männlich: die an den Vorstellungen der klassischen Bewußtseinsphilosophie orientierte und sie mit ihrer mythologischen Gegenströmung vergeblich zu versöhnen trachtende den *Geist,* die auf den historisch-gesellschaftlichen Realwiderspruch zu dieser setzende die *Arbeit* und die eine Wiedereinsetzung der verdrängten animalischen Natur des Menschen betreibende den *Trieb.* Fragt man sich, was der Frau gelassen sei, welche Hoffnungen ihr erlaubt seien, so bleibt – wenn wir von der Mutterfunktion absehen – nichts, den Männern wird alles – wie in der Wirklichkeit – subsumiert. Aber dies Nichts ist in und für diese Theorien kein leeres, unbestimmtes Nichts, im Gegenteil, es ist ein aufsässiges Nichts. Der Versuch, der Frau Geist, Arbeit und Trieb abzusprechen, um in einem männlich-theoretischen Zeitalter überlieferte, aber auch durch die stattgehabten Veränderungen hervorgebrachte neue Beschränkungen der Frau und Bestimmungen des Geschlechterverhältnisses durch theoretische Begründungen aufrechtzuerhalten, erweist sich als vergeblich und demonstriert damit sein Gegenteil: daß nämlich die Ungleichheit der Geschlechter obsolet geworden ist.

Bachofens Unternehmen, den Geist oder die Vernunft dem Manne vorzubehalten, zeigt gerade, daß dieser Geist unvernünftig geworden ist. *Engels* weiß zugleich mit der Feststellung, daß alle gesellschaftlich vermittelte Arbeit außer dem Hause dem Manne reserviert sei, daß die gesellschaftlichen Verhältnisse über diese Festschreibung einer bestimmten Form der gesellschaftlich vermittelten Arbeit hinausweisen und alle Beschränkung unhaltbar wird. *Freud* schließlich bringt in seinen Falldarstellungen das Material an die Öffentlichkeit, das einer Festschreibung des Triebes widerspricht und seine Substantialisierung widerlegt.

Was aber macht die Faszination der Mutterrechtstheorien trotz und vielleicht sogar gegen deren explizites Interesse aus? Formelhaft könnte man sagen, daß im vorigen Jahrhundert, wenn wir es mit seinen Grenzen nicht zu genau nehmen, mit dem Mutterrecht sich der Widerspruch gegen den unvernünftig gewordenen Geist, gegen die von der Befriedigung gelöste und nicht an den Bedürfnissen orientierte Arbeit und schließlich das Versprechen des Glücks verknüpft: das Mutterrecht wird zur *Einspruchsfigur.* In diesem Jahrhundert verwandelt sich der Einspruch, da unser Jahrhundert illusionslos oder, wenn man so will, hoffnungslos geworden ist, in die Suche nach dem Ursprung.

Bezeichnenderweise verknüpft sich sowohl der Einspruch wie die Urspungssuche nicht mit der Frau, sondern mit dem Bilde der Mutter, die einstehen muß – und ja vielleicht auch eingestanden ist – für ein noch nicht entfremdetes, ein sinnlich vernünftiges und glückliches Verhältnis der Geschlechter.

Allen drei Mutterrechtstheorien kommt das Verdienst zu, auf Verdrängtes hinzuweisen und es – wenigstens in der Negation – zur Sprache zu bringen, sie sind jeweils gegen ihr explizites Interesse und im Hinblick auf den verhandelten Gegenstand zu lesen. So ist das Verdrängte der klassischen Philosophie des Geistes, zu deren Verteidigung Bachofen antritt, die von ihr mit dem Geist nicht vermittelbare Materie, bei Bachofen im Blick auf die klassische Philosophie nicht ganz zu Unrecht in der Frau personifiziert (er plaudert hier geradezu ein Geheimnis dieser Philosophie aus); das Ausgegrenzte der politischen Ökonomie ist unter diesem Gesichtspunkt der Geschlechterkampf; und das Verdrängte der Psychoanalyse – wenn es erlaubt ist, es in dieser Kürze zu formulieren – ist das gleiche Recht der Geschlechter.

Eine Bemerkung scheint noch nötig zum Status und zur Reichweite meiner Aussage, daß mit den von den verschiedenen Wissenschaften zusammengetragenen Beispielen und Materialien sowie den angeführten theoretischen Begründungen ein politisches Mutterrecht nicht nachzuweisen ist.

Da die Nichtexistenz einer Sache oder von gesellschaftlichen Verhältnissen, in unserem Fall: einer von den Frauen nach ihren Interessen gestalteten Gesellschaft, in der Regel sich nicht erweisen läßt, muß sich meine Aussage darauf beschränken, daß bisher alle Behauptungen über matriarchale Verhältnisse einer Nachprüfung nicht haben standhalten können; diese lassen sich vielmehr als Projektionen, Wunsch- und Angstbilder, als Neutralisierungen oder sonstige Abwehrstrategien von Männern dechiffrieren. Den Frauen können diese Mutterrechtstheorien zu ihrer Subjektwerdung wenig helfen, allerdings können sie daraus etwas über ihre eigene Deformierung und über die Vorstellungen von Männern, über sich und sie, erfahren.

Abb. 1 Die Venus von Willendorf

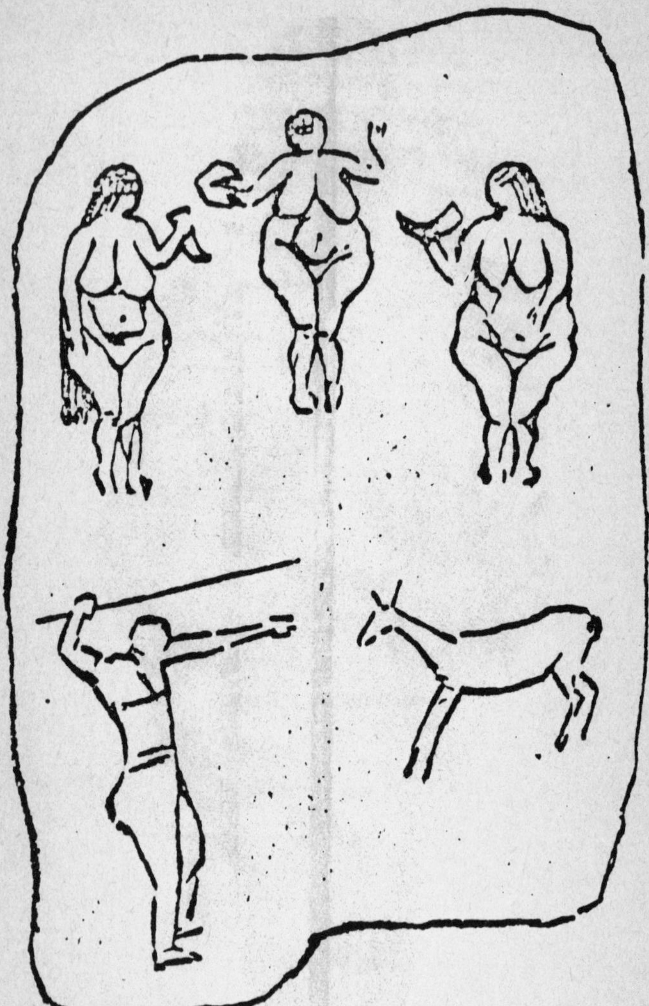

Abb. 2 Reliefbilder aus Laussel
Wiederherstellungsversuch von Zamjatnin

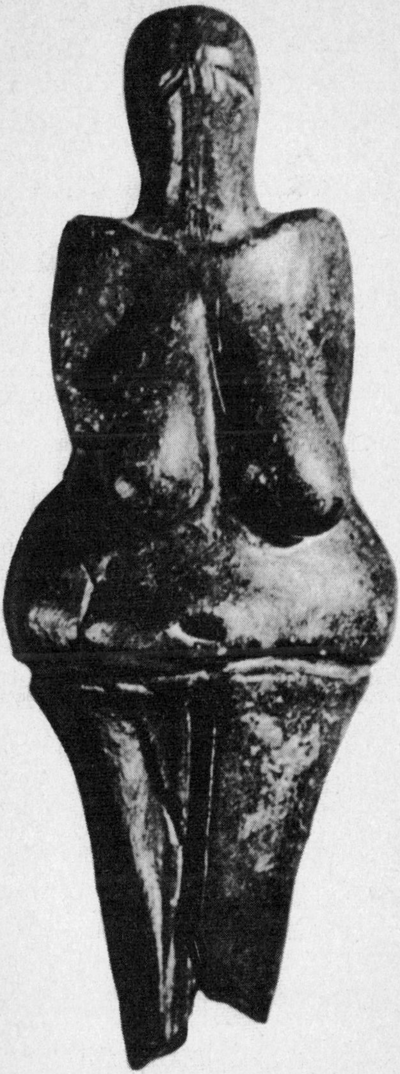

Abb. 3 Venus von Dolni Vêstonice

Literatur

Bachofen, J. J.: Das Mutterrecht, 2 Bde; Ges. Werke Bd. II und III, Basel 1948, (1861)

ders.: Die Sage von Tanaquil (1870), Ges. Werke Bd. VI, Basel 1951

ders.: Der Mythos von Orient und Occident. Hrsg. von M. Schröter, München 1926

ders.: Das Mutterrecht, hrsg. von H. J. Heinrichs, Frankfurt a. M. 1975. Materialien zu Bachofens »Das Mutterrecht«, hrsg. v. H. J. Heinrichs, Frankfurt a. M. 1975 (Dieser Band enthält ausführliche Literaturangaben)

Bäumler, A.: siehe Bachofen, Der Mythos von Orient und Occident

Borneman, E.: Das Patriarchat, Frankfurt a. M. 1975

Bosinski, G. und Fischer G.: Die Menschendarstellungen von Gönnersdorf der Ausgrabungen von 1968, Bd. 1, Wiesbaden 1974

Brownmiller, S.: Gegen unseren Willen. Vergewaltigung und Männerherrschaft (1975). Frankfurt a. M. 1978

Bücher, K.: Die Frauenfrage im Mittelalter, Tübingen 1910

Childe, V. Gordon: Soziale Evolution (1951), Frankfurt a. M. 1975

Delporte, H.: Le problème des statuettes féminines dans le leptolithique occidental, Mitt. der Anthropol. Ges. Wien, Bd. 92, 1962

Engels, Fr.: Der Ursprung der Familie des Privateigentums und des Staates (1884), MEW Bd. 21

Ferenczi, S.: Thalassa – Versuch einer Genitaltheorie (1924), Schriften zur Psychoanalyse Bd. II, Frankfurt a. M. 1972

ders.: Autorenreferat, Kongreßbericht, Internationale Zeitschrift f. Psychoanalyse 1922, Bd. 8

Ferenczi, S.: Über die Rolle der Homosexualität in der Pathogenese der Paranoia, Schriften zur Psychoanalyse, Bd. I, Frankfurt a. M. 1970

ders.: Zur Nosologie der männlichen Homosexualität, Schriften . . ., Bd. I

Feustel, R.: Statuettes Féminines Paléolithiques de la République Démocratique Allemande, BSPF, Bd. 76, 1970

ders.: Sexuologische Reflexionen über jungpaläolithische Objekte, Alt-Thüringen 1970

Freud, S.: Gesammelte Werke Bd. I–XVIII, London: Imago-Publishing 1942 ff.

ders.: Totem und Tabu, Bd. IX

ders.: Massenpsychologie und Ichanalyse, Bd. XIII

ders.: Der Mann Moses und die Entstehung der Religion, Bd. XVI

ders.: Das Tabu der Virginität, Bd. XII

ders.: Drei Abhandlungen zur Sexualtheorie, Bd. V
ders.: Hemmung, Symptom, Angst, Bd. XIV
ders.: Gedenkwort für S. Ferenczi, Bd. XVI
Fuller, C. F.: The Nayars Today, Cambridge 1976
Galahad, Sir (Bertha Eckstein-Diener) Mütter und Amazonen, Wien o. J. (1962) (auch: Ullstein Sachbuch Nr. 34044)
Girardin, Emil de: La liberté dans le mariage par l'égalité des enfants devant la mère (1854), Paris 1855
Gough, K.: Nayar, in: D. Schneider und K. Gough, Matrilinial Kinship, Berkeley 1974 (1962)
dies.: Female Initiation Rites on the Malabar Coast, JRAI, Bd. 85, 1955
Hancar, Fr.: Zum Problem der Venusstatuetten im eurasischen Jungpaläolithikum, Prähistorische Zeitschrift, Bd. 30/31, 1939/1940
Hancar, Fr.: Die Venusstatuette von Jelisejevici (Kreis Bjansk), IPEK 1949–1953
Hesse, Kl. Landbesitzformen und Sozialorganisation der Nayar im traditionellen Malabar, Manuskr. 1976
Hippel, Th. G. v.: Über die bürgerliche Verbesserung der Weiber, Sämtl. Werke Bd. 6, Berlin 1828
Hegel, G. W. F.: Die Vernunft in der Geschichte, Hamburg 1955
Kant, I.: Physische Geographie, Berlin 1968
Kälin, K.: Indianer und Urvölker nach J. F. Lafitau, Freiburg (Schweiz) 1943
Karbe, Agnes: Die Frauenlohnfrage und ihre Entwicklung in der Kriegs- und Nachkriegszeit, Rostock 1928
Kerényi, Karl: Mythologie der Griechen, 2 Bde., München 1966
Klaatsch, H.: Die Anfänge der Kunst und Religion in der Urmenschzeit, Leipzig 1913
Kohl, K. H.: Utopie, Erfahrung, entzauberter Blick, Berlin 1981
Kuczynski, J.: Studien zur Geschichte der Arbeiterin in Deutschland von 1700 bis zur Gegenwart, Berlin 1963
Lafitau, J. F.: Moeurs des sauvages amériquains comparées aux moeurs des premiers temps, 2 Bde., Paris 1724, dt. in Anonymos (J. Fr. Schröter): Allgemeine Geschichte der Länder und Völker von Amerika, Halle 1752/53
Marx, K.: Pariser Manuskripte 1844, Hamburg 1968
ders.: Das Kapital, Bd. I. Berlin 1961
Marx, K. und Engels, Fr.: Geschichte und Politik 1, Frankfurt a. M. 1966
Meiners, Chr.: Geschichte des weiblichen Geschlechts, Bd. 1, Hannover 1788
Michelet, J.: La Femme, Paris 1860, dt. Leipzig 1860
Mill, J. S.: Über die Hörigkeit der Frau, Berlin 1869
ders.: Über Frauenemanzipation, Leipzig 1880
Montesquieu: Der Geist der Gesetze, Tübingen 1951
Mühlmann, W.: Rassen, Ethnien, Kulturen, Neuwied und Berlin 1969
Nahodil, O.: Mutterkult in Sibirien, in: Glaubenswelt und Folklore der sibirischen Völker, Hrsg. Diószegi, Budapest 1963

Narr, K. J.: Weibliche Symbolplastik der älteren Steinzeit, Antaios Bd. II, 1961
ders.: Interpretation altsteinzeitlicher Kunstwerke durch völkerkundliche Parallelen, Anthropos Bd. 50, 1955
Peters, E.: Die altsteinzeitliche Kulturstätte Petersfels, Augsburg 1930
Peters, E. und Toepfer, V.: Der Abschluß der Grabungen am Petersfels bei Engen, Prähistorische Zeitschrift, Bd. 23, 1932
Rank, Beata: Zur Rolle der Frau in der Entwicklung der menschlichen Gesellschaft, Imago, Bd. 10. 1924
Ranke-Graves, R. v.: Griechische Mythologie, 2 Bde., Hamburg 1974
Reed, E.: Woman's Evolution. From matriarchal clan to patriarchal family, New York 1975
Saccasyn-Della-Santa, E.: Les figures humaines du paléolitique supérieur eurasiatique, Antwerpen 1947
Toepfer, V.: Drei spätpaläolithische Frauenstatuetten aus dem Unstruttal bei Nebra, Fundberichte aus Schwaben, N. F. 17, 1965
Tokarev, S. A.: Zur Bedeutung der Frauendarstellungen im Paläolithikum, Beiträge zur Völkerforschung, Berlin 1961
Wörterbuch der Völkerkunde, Stuttgart 1965
Zinser, H.: Mythos und Arbeit, Wiesbaden 1977
Zuechner, Chr.: Die Menschendarstellung des französischen Jungpaläolithikums, Inaugural-Diss. der Phil. Fak. Erlangen – Nürnberg, o. J. (1972)